Tantos anos

Rachel de Queiroz
Maria Luiza de Queiroz

Tantos anos

4ª edição

©1998 by herdeira de Rachel de Queiroz

Reservam-se os direitos desta edição à
EDITORA JOSÉ OLYMPIO LTDA.
Rua Argentina, 171 - 3º andar - São Cristóvão
20921-380 - Rio de Janeiro, RJ - República Federativa do Brasil
Tel.: (21) 2585-2060
Printed in Brazil / Impresso no Brasil

Atendimento e venda direta ao leitor:
mdireto@record.com.br
Tel.: (21) 2585-2002

ISBN 978-85-03-01097-9

Fotos de capa e miolo: ACERVO DA FAMÍLIA
Capa: HYBRIS DESIGN / ISABELLA PERROTTA

Livro revisado segundo o novo Acordo Ortográfico da Língua Portuguesa.

CIP-BRASIL. CATALOGAÇÃO-NA-FONTE
SINDICATO NACIONAL DOS EDITORES DE LIVROS, RJ

Q42t Queiroz, Rachel de, 1910-2003
Tantos anos / Rachel de Queiroz, Maria Luiza de Queiroz Salek.
– [4.ed.] – Rio de Janeiro: José Olympio, 2010.

il.

ISBN 978-85-03-01097-9

1. Queiroz, Rachel de, 1910-2003. 2. Escritoras brasileiras –
Biografia. I. Queiroz, Maria Luiza de, 1926- II. Título.

10-4697
CDD: 928.69
CDU: 929:821.134.3(81)

Para
Namir

Sumário

1. Um começo difícil, 9
2. Um diálogo, 11
3. Rainha dos Estudantes, 27
4. *O Quinze,* 34
5. O Partido, 38
6. O rompimento, 43
7. Schmidt, poeta e editor, 46
8. Rodas de amigos, 48
9. Comício, prisão e viagem, 52
10. Itabuna, 56
11. Lembranças, 63
12. São Paulo e os trotskistas, 67
13. *Tonga-seeds,* 71
14. Sobrado, 74
15. Definições políticas, 76
16. O sítio, 80
17. Os doidos. A velha, 84
18. Evandro Pequeno, 88
19. Cartas, 93
20. Açude. "Dramas", 97
21. Roberto, 104

22. A fazenda, 108
23. Mário de Andrade, 116
24. Novos amigos, 124
25. "Mar-oceano", 130
26. Sacco e Vanzetti, 134
27. A guerra, 139
28. A base aérea, 149
29. Viagem à Europa, 154
30. Rui Barbosa e Pedro Nava, 165
31. Nossa prima Aggith, 169
32. Arraia, 178
33. Califórnia, 181
34. Uma conversa, 183
35. Junco, 186
36. Viagem, 190
37. Editora José Olympio, 196
38. *O Cruzeiro*, Goeldi etc., 203
39. Arizona, 208
40. A revolução de 1964, 214
41. Academia, 222
42. Livros, 226
43. Não Me Deixes, 229
44. Extremas, 235
45. Disco voador, 237
46. Padre Cícero, 242
47. Terra, 255
48. Minha família, 257
49. O estranho, 260
50. Daniel e o Caravelle, 263
51. Nossa família, 267

1

Um começo difícil

"*Sangue, suor e lágrimas.*" *Eu poderia repetir a frase de Churchill para descrever o que foi a campanha, a verdadeira guerra que fui obrigada a travar para extrair de minha irmã estes depoimentos, estas lembranças.*

No final dos anos 1980, quando eu trabalhava como produtora na TV Educativa, do Rio de Janeiro, Ziraldo, meu querido amigo Ziraldo, fazia então um programa de entrevistas. Um desses programas foi com Rachel. Como se atravessava um momento de grande ebulição política, a entrevista encaminhou-se naturalmente para as passadas turbulências do país: os idos da era getulista, as experiências de Rachel como membro do Partido Comunista, as prisões, a clandestinidade, a sua trajetória de vida sempre ligada à trajetória política do Brasil.

De repente, Ziraldo, que me presumia lá atrás, na penumbra do estúdio, pôs a mão em pala sobre os olhos e, interrompendo a gravação, ou mesmo em pleno ar, ao vivo, não me lembro, falou:

"Maria Luiza, você precisa contar essas histórias! Isso precisa ficar documentado. E tem que ser você, é sua obrigação!" E mais não disse porque lhe cortaram a palavra.

Foi um choque. E então me bateu um sentimento de culpa. Eu, que conhecia Rachel tão bem, sempre ao seu lado desde a hora em que nasci; eu, testemunha constante de sua vida, estivéssemos nós duas juntas ou separadas — e nunca tentara fazê-la contar, através da sua história, uma face da nossa própria história política.

Do sentimento de culpa deflagrado por Ziraldo (que Flávio, meu filho, diz ser o ancestral sentimento cristão da culpa), passei a ser vítima da compulsão de conseguir que Rachel falasse.

Este livro, portanto, é um trabalho composto de trechos ditados ou escritos por ela (ou, às vezes, de reproduções de conversas nossas, aqui no Rio de Janeiro ou na fazenda Não Me Deixes, no Ceará) e de várias intervenções minhas: recordações de ocasiões, fatos e sentimentos a que ela não aludiu, passados no tempo em que estava ausente, ou até coisas meio secretas (ou esquecidas?) de que ela não falaria.

MARIA LUIZA DE QUEIROZ,
abril de 1998

2

Um diálogo

— *E então?*
— Então, o quê?

— *As memórias!*
— Você sabe que eu não gosto de memórias. Nunca pretendi escrever memória nenhuma. É um gênero literário — e será literário mesmo? — onde o autor se coloca abertamente como personagem principal e, quer esteja falando bem de si, quer confessando maldades, está em verdade dando largas às pretensões do seu ego — grande figura humana ou grande vilão. Mas *grande* de qualquer modo. O ponto mais discutível em memórias são as confissões, gênero que sempre abominei, pois há coisas na vida de cada um que não se contam. Eu, por exemplo, "nem às paredes do quarto as contaria", como diz o fado.

— *Mas eu para você devo ser mais do que as paredes do quarto.*
— É, mas as paredes não falam e muito menos escrevem. Vamos fazer um acordo: não vou falar espontaneamente. Você

terá que me extorquir as lembranças do passado, as coisas que testemunhei, as pessoas que conheci. Se quiser conto, se não quiser não conto. Prometo apenas não mentir, fugindo ao perfil clássico e invertido de "memórias".

— *Bem, eu não tenho condições de discutir. Aceito nos seus termos. Mas vamos começar.*

— Bom, hoje são 3 de maio de 1859, não, 1989. Estou exatamente com setenta e oito anos, cinco meses e meio. Falta só um ano e seis meses para fazer oitenta. Essa coisa me injuria muito. Fazer oitenta anos eu acho extremamente desagradável. Não sei por quê, mas acho. Pode ser que, depois, eu me acostume. Mas não creio: considero envelhecer uma ideia péssima. Aliás, pensei que seria pior. Isso é, do lado físico. Pensei que a incapacidade física viesse mais depressa e fosse maior. Sempre fui muito preguiçosa. Talvez isso ajude.

— *Mas você nunca me pareceu preguiçosa: pelo contrário, anda sempre em grande atividade, é muito sadia, sua capacidade de fazer as coisas é famosa. Herança, talvez, dos Queiroz, gente muito vital.*

— Mas não sou apenas eu que sou Queiroz. Você também é. Além do mais, acho que essa minha (para mim inexistente) atividade é antes herança de mamãe. Lembre-se da capacidade dela: nos dominava a todos, nos orientava, nos cobrava, nos exigia. Aliás, sempre me acusou de preguiçosa, me animava no início de cada livro novo. Mas, felizmente, nunca me falou em memórias.

— *Não apele para mamãe. Além disso, quando mamãe morreu, ou em vida, você ainda não estava na idade de escrever memórias.*

— Apelo, se quiser. Só concordo em começar as suas tais de memórias se for para dizer o que eu tenha vontade de dizer, contra quem ou a favor de quem eu quiser.

— *Não lhe estou impondo condições. A palavra é sua, livre e aberta.*

— Então começo logo contrariando. Por exemplo: você diz que eu estou muito bem, estou ótima. É reclamando? Será que queria me ver aos pedaços?

— *Espera, eu só falei na vitalidade dos Queiroz. E você puxou muito mais aos Queiroz do que eu: eu sou mais a raça gentil e frágil da mamãe.*

— Pois sim! Depois, a vitalidade dos Queiroz não é tanta assim. Papai morreu com sessenta e dois, tio Eusébio, com cinquenta e cinco, tio Batista, com cinquenta e cinco, tia Beatriz, com cinquenta e três. Tio Pedro é que chegou aos oitenta; tio Pedro, tia Arcelina, tia Adelaide. Em dez, foram só três que alcançaram os oitenta. Tio José morreu com setenta. E vozinha Rachel morreu com setenta e nove, não chegou aos oitenta. Tinha um ano a mais do que tenho hoje.

— *Quem sabe você está tão bem de saúde porque não faz exercício? Papai dizia que a gente devia fazer como os bichos, boi, carneiro etc., que, depois de comer e beber, vão se deitar.*

— O Gilberto Amado falava que todos os grandes animais não fazem exercício. Girafa não faz exercício, elefante não faz exercício, o Raul Fernandes não faz exercício...

— *Ah, o Gilberto Amado. Sabe que eu gostava demais dele? Mas chega de conversa e vamos começar.*

— Bem, como eu já disse até em livros, nasci a 17 de novembro de 1910. Mamãe tinha dezoito anos; papai, nascido em 1886, tinha vinte e quatro anos. Era um casal extremamente jovem, um casal muito bonito. Papai depois engordou, perdeu a esbelteza, mas mamãe continuou linda até morrer, como você se lembra. Aliás, foi por causa dessa beleza de mamãe — que para mim era um fato tão incontestável quanto o céu ser azul e o sol ser o sol — que eu sempre me considerei uma espécie de apêndice feioso dela. Nunca tive rivalidades com mamãe. Eu era a feia, a xabouqueira, que tinha puxado o lado dos Queiroz. Bonito era o Roberto, que tinha puxado a mamãe. E essa coisa de mamãe ser linda e jovem nunca foi, para mim, um fator negativo. Foi uma coisa que até iluminou muito a minha vida. A beleza de mamãe era um fator de orgulho, de compensação. Nunca me preocupei muito comigo, nunca me esforcei em ser, pelo menos, mais bonitinha. Eu me satisfazia só com mamãe ser bonita: a beleza dela era um dado positivo na minha vida. Mas vamos voltar ao dia do meu nascimento. Acho que foi numa sexta-feira. Nasci muito grande, muito forte e já sem querer dormir. Com poucos dias me botaram para dormir com vovó Miliquinha, nossa bisavó (d. Maria de Macedo Lima, viúva do major Cícero Franklin, pai do nosso avô Rufino). Ela sofria de insônia, não podia ler de noite, tinha catarata — engraçado, nesse tempo catarata ainda era cegueira — e dormia isolada por causa do barulho. Então me levavam para lá, eu com poucos meses. E parece que fazíamos companhia uma à outra, muito satisfeitas. Pelo menos é o que me contavam. Ela morreu com oitenta e sete anos, quando eu tinha quinze.

— *Tudo isso me parece muito curioso. Você, sendo bem mais velha do que eu — diga-se! —, foi só de uma certa época em diante que começamos a ter lembranças em comum. Para trás, antes que eu nascesse ou existisse, havia um passado desconhecido, coisas que eu sabia como se tivesse lido num livro de histórias. Vovó Miliquinha, de quem você acaba de falar, tão íntima de todos, para mim, nem mesmo era um retrato na parede. E falar comigo sobre essas coisas é como um filme girando para trás.*

— Mas isso que você sente em relação a mim eu sinto em relação a mamãe. Coisas que mamãe contava, de Maria Argentina, de Paulino Nogueira, de Joãozinho Nogueira etc. Ou, do outro lado, os amigos de papai. Incorporei todos os amigos dele, todo aquele passado. Papai contava muitos casos do tempo de estudante, do Colégio Abílio, por exemplo — e, se variava ou esquecia alguma coisa, eu corrigia. Essas histórias foram para mim fonte de informação permanente. Eu sabia como era o Rio de Janeiro do tempo de papai. Quando vim aqui pela primeira vez, depois de adulta (quando vim menina tinha só seis anos), fui procurar o Rio de Janeiro daquele tempo, de tal forma eu guardara a cidade na memória pelas recordações de papai. Porque, dos filhos, fui eu quem mais conviveu com ele; peguei papai ainda muito jovem e tínhamos muita afinidade. Já você pegou papai sempre meio doente, mais velho, não era o pai que eu tinha conhecido. Assim, essa coisa que você acha estranha num passado que não conhece, eu, de certa forma, assimilei para mim.

Mas continuando: o meu nascimento. Creio que papai já era juiz substituto em Quixadá, porque aos meus quarenta e cinco dias de vida mamãe me levou para lá. Depois foram morar na Califórnia, na casa da rua, aquela casa do velho Miguel, onde depois o pessoal de lá e o Arcelino, quando se puseram atrás de botijas de ouro, escavacaram de tal maneira que, afinal, a casa caiu. Mas sei que fomos para lá. Tanto que quando fui desmamada levaram-me para a casa-grande da fazenda, enquanto papai e mamãe ficavam na casa da rua. Agora, se foi um período de férias eu não sei. Sei que passamos lá nove meses.

— *Arcelino já era nascido, então?*

— Ora, Arcelino era de 1898. Era doze anos mais velho do que eu. Mas não sei desde quando começo a me lembrar dele. De Brito me lembro mais cedo, pois quando chegamos ao Rio de Janeiro, em 1916, começos de 1917, Brito foi o nosso companheiro. Era muito bonzinho, me levava ao circo, levava a gente para passear. Celino fui conhecer mais tarde, com nove anos.

Papai tinha deixado de ser juiz no interior e foi ser promotor em Fortaleza. Com aqueles nervos delicados dele, quando tinha que acusar uma pessoa passava uma semana sem comer, sem dormir, completamente neurótico, apavorado de cometer uma injustiça. As "psicadas" do papai eram sempre generosas: ele tinha medo de ficar doido, matar os outros, de acusar alguém e estar errado. Papai era uma alma extremamente ética e, insisto, generosa. Então, não aguentou ser promotor e resolveu ser professor de geografia. Trocou de lugar com um amigo, Guilherme Rocha, então professor do Liceu.

Em 1915, papai já deixara a cidade e estava muito interessado no sertão, onde mandara fazer umas plantações de arroz. Mas então veio a seca, ele perdeu a plantação e quase todo o gado. É a história que conto em *O Quinze*, embora na época eu só tivesse quatro anos. Mamãe sempre sonhou em vir para o Rio — como todas as moças e senhoras daquele tempo —, engraçado, hoje as moças da província não têm mais aquele desespero em vir para o Rio. Mas é que o salto qualitativo era muito grande, então. O Rio de Janeiro era o paraíso, a cidade maravilhosa, a vida social, teatro, cinema, e não se tinha nada disso na província.

Em 1917 viemos, pois, aqui para o Rio. Tio Eusébio herdara a banca de advocacia do dr. Daniel — tio dele e de papai — e era professor universitário. Morava aqui, casado com tia Emilinha, cantora lírica, que abandonara o canto para se casar. Tio Eusébio era a pessoa mais brilhante, mais fascinante da família. Mamãe gostava muito dele. Ele escrevia sempre a papai, convidando a gente a vir para o Rio.

Viemos. Primeiro, ficamos numa pensão do Catete. Lembro que a dona da pensão andava de preto, tinha um cabelo alto com cachos, parecia uma rainha velha. Uma pessoa fora de moda, mesmo para a época. Eu tinha uns seis anos, então. Mas mamãe não gostou de ficar em pensão e alugamos uma casa de vila na travessa da universidade, perto da rua Conde de Bonfim, próximo à casa de tio Eusébio.

Papai detestou trabalhar de advogado no Rio. Foi então que recebeu um convite para ser juiz no Pará: um telegrama de Lauro Sodré, o governador de lá.

Foi nessa época que vi o Venceslau Brás (eu tinha seis anos e meio). Brito nos levou à parada de 7 de setembro. Vi o Venceslau numa carruagem aberta, de cartola e fraque. Ele tirava gravemente a cartola, o pessoal aplaudia e eu achei lindo. Fiquei fascinada pelo presidente Venceslau.

Então papai resolveu largar tudo aqui e fomos para o Pará. Desembarcamos lá no meio da parada de 15 de novembro de 1917.

Quando chegamos ao Ceará, vindos do Pará, em 1919, mamãe estava esperando Luciano, que nasceu em outubro. Fomos para a nossa chácara do Alagadiço, que foi vendida, e afinal veio a ser a Casa de Saúde São Gerardo. Era uma casa grande, com um quintal enorme onde vozinha Maria Luiza tinha uma horta e uma plantação de bananeiras. Atrás, tínhamos uma vila de casas de aluguel e numa delas morava uma mulher que fazia charutos: bastava chegar à porta e o cheiro do fumo dava enjoos.

Luciano nasceu nessa casa: naquele tempo não se nascia em casa de saúde. Roberto matriculou-se na escola pública de d. Maria José, do outro lado da rua, que Felipe já frequentava. Mamãe pediu, então, a d. Maria José que me recebesse na escola enquanto ela atravessava o período do parto, e eu fui, muito satisfeita: tinha loucura para frequentar uma escola e ninguém deixava. Já estava com oito anos e nunca entrara numa sala de aula, a não ser uns poucos dias no Pará, na casa de uma parenta nossa, d. Julita, mas que não era bem uma escola.

Lembro-me muito de d. Maria José: a palmatória, a tabuada dos sábados, as lições de geografia.

Ao chegarmos do Pará, a seca no sertão ainda estava muito ruim; papai, então, se viu obrigado a vender essa chácara do Alagadiço (por treze contos) para pagar os prejuízos do curtume de que fora dono em Belém e resolveu alugar para nós uma casa na Serra de Baturité, em Guaramiranga. Logo que mamãe acabou o resguardo fomos para a serra.

Nesse tempo, toda gente de bem de Fortaleza ia passar o verão na serra. Lá moravam tia Adelaide e tio Chichio, num sobradão imenso, à ponta da rua, pegado ao sítio deles, o Guaramiranga, que dava o nome à vila. Na serra, no sobradão, passavam também a seca vozinha Rachel e tia Beatriz, então solteira. Mamãe, tia Beatriz e Elsa (que depois foi ser freira) eram as intelectuais do grupo; havia, ainda, entre as primas, Cléa, Maria, Alice, Áurea, já adultas; as garotas do meu tope eram Nilda e Lúcia. Era muito animado o verão na serra. E papai, junto com tia Beatriz e Elsa, inventaram nesse ano uma representação de amadores, uma comédia e uma espécie de revista, tudo muito bem encenado, onde as coisas da serra — as flores, o café, a cana, a água, o clima — eram representadas por moças vestidas de deusas gregas. Eu fiquei na maior frustração porque não me deram nenhum papel. Tia Beatriz, então, para me aplacar, resolveu me botar num entreato, dizendo um poema de Guerra Junqueiro, que papai me fez decorar: "Raiou a madrugada; as estrelas dormentes, fatigadas, cerram à luz do dia as misteriosas pálpebras douradas..." E ia por aí. Mas eu continuava danada da vida porque queria era ser deusa. Assim, no entreato, na "cortina", como se chamava, eu entrei com um vestido de organdi e um laço na cabeça para recitar. No palco, comecei a dizer o poema. De repente, parei para coçar o joelho e disse: "Me esqueci." Minhas tias, dos bastidores, silvavam como cobras, me chamando. Mas teve de vir alguém me puxar pelo braço, porque eu não queria ir embora, queria continuar ali, de vingança, olhando para o público.

Aliás, uma frustração que me acompanhou durante toda a vida foi nunca ser chamada para representar nos "dramas". No colégio, como eu não tinha nenhuma fita que me candidatasse a ser filha de Maria, não me davam nenhum papel, me discriminavam. Eu nunca reclamei, por orgulho, mas ficava muito ressentida.

Em 1920, quando começou o inverno — um dos melhores invernos da história do Ceará —, descemos a serra e fomos diretamente para o sertão. Foi aí que conheci Celino — Arcelino —, que era o grande galã da família, muito jovem, muito bonito. Tinha vinte e dois para vinte e três anos e era disputadíssimo pelas moças. Para mim ele era o máximo. E claro que me apaixonei por ele. Mas eu só tinha nove anos.

Descemos a cavalo até Baturité, onde se tomava o trem para o Junco; eu já montada sozinha no meu cavalo. Num burro, em dois caçuás forrados de panos, iam Roberto e Flávio. Luciano, que tinha só três meses, ia no colo de mamãe, mamando. Eram três léguas de descida, chovia, os cascos dos cavalos escorregavam nas ladeiras — e mamãe com Luciano e carregando ainda uma sombrinha para não molhar o menino. Papai, que era muito bom cavaleiro, ia no Kaiser, um cavalo inglês, um garanhão que só ele montava, todo garboso num trote também inglês. Chegando a Baturité, enchemos a pensão de d. Enoá, e de lá fomos para o Junco. De trem.

Ficamos pelo sertão, mas quando veio o governo de Justiniano de Serpa, ele e Carvalho Lima, com quem tínhamos feito amizade no Pará, exigiram que papai fosse fundar o Gabinete de Identificação, novidade grande em 1920.

— *Você falou em serra. Antigamente, serra, para mim, queria dizer Guaramiranga. Quando eu era menina essa palavra tinha sonoridade de mundo encantado. Depois virou coisa proibida. Mas isso foi mais tarde. Dessa época a que você se refere, não conheço nada. E, agora, pode falar com liberdade porque quase todo mundo já morreu...*

— Quando tio Chichio se casou com tia Adelaide, foram morar no Brejo, um sítio que ele herdara de tia Bela — que talvez fosse uma prima, mas era chamada de tia. Tio Chichio e tia Adelaide eram padrinhos de você. Era ele um homem gigantesco, de mais de um metro e noventa, autoritário, falava alto. Eu tinha um certo medo dele.

Quando nosso avô Arcelino morreu de um câncer no intestino, em 1895, o avô João Batista (nosso bisavô), que já era um homem velho, foi morar com a filha, vozinha Rachel, na

Califórnia. Tio Batista já era acadêmico de medicina, mas tia Arcelina era recém-nascida, quase filha póstuma. O avô João Batista — a quem nós, até os bisnetos, chamávamos apenas o avô —, segundo a crônica da família, era uma pessoa muito interessante e evoluída. Foi ele o introdutor do plantio de café na serra. Só tinha dois filhos: tio Daniel (tio de papai), que morava aqui no Rio, e vozinha Rachel. O avô foi para a Califórnia ajudar a criar os netos — os dez netos. Como não podia mais cuidar do sítio da serra, fez um negócio de pai para filho com tio Chichio, que se tornou então o dono do Guaramiranga. Lá havia uma casa velha, de sítio, creio que até de taipa. No limite do sítio, logo no começo da rua da Conceição, em Guaramiranga, ficava um sobradão que pertencia a d. Libânia Holanda. Devia ser uma edificação colonial, pois já era muito antiga por esse tempo. Então, tio Chichio, que detestava fazer casa — dizia que casa só alugada ou herdada —, alugou o sobradão pagando cem mil réis por mês. Com a morte de d. Libânia, esse sobradão foi legado a um colégio de freiras. Era uma construção de alvenaria, parece que de barro. Com o tempo, ruiu e desapareceu. Mas eu me lembro bem dele: um casarão com doze salas espalhadas, e foi lá que a gente se instalou. Mas mamãe queria ter a casa dela, e logo alugamos uma casa perto, no morro da Matriz.

Mas o sobradão era o nosso ponto de referência. Era lá que nos encontrávamos todos, era lá o ensaio dos "dramas", as festas. E vozinha Rachel, que tinha ido passar na serra os piores meses de 1919, ainda estava lá. De forma que foi um encontro muito importante e histórico para mim. Foi quando tomei consciência da família, pois até então tinha morado no Pará. Consciência dos primos — Brito morava ainda aqui no Rio, estava estudando. E conheci Celino, que se tornou meu galã, meu paradigma, a pessoa por quem fui tomada da maior admiração e fascinação. Não havia tanta diferença de idade entre nós dois. Mas ele era muito precoce. Com quinze anos abandonou os estudos (tio Chichio adoecera e viera se tratar no Rio) e assumiu a direção das fazendas, dos sítios, de tudo. Celino era uma figura romântica. Nesse tempo os homens usavam um estilo de roupa meio caubói — brim, botas, chapelão. Não era copiando o cinema, porque cinema naquele tempo ainda não tinha influência maior, pelo menos não na vida rural. Embora num estilo rústico, ele era um homem muito bem-tratado, muito atraente, com muito charme pessoal. Estou me estendendo tanto sobre Arcelino porque você perguntou. Nesse tempo minha admiração por ele, como eu já disse, era coisa de criança. Além disso, desde criança eu tinha um carinho muito grande por ele. E ele por mim, até morrer.

— Mas eu queria saber sobre a influência que a família de tio Chichio teve na sua vida. Porque, em mamãe, eu percebia até um certo ciúme, um ciúme já meio gasto, pois essa convivência foi na sua mocidade — um tempo de que também não participei.
— A família de tio Chichio era muito ligada a mamãe e a papai, porque as moças estudavam no Colégio das Irmãs, em Fortaleza, e papai era o correspondente delas. As férias, eu ia sempre passar na serra. Celino vinha de carro a Fortaleza especialmente para me buscar. Guaramiranga era assim uma espécie de paraíso para quem morava em Fortaleza — as flores, as rosas, os amores-perfeitos, o clima. A casa de tio Chichio, com treze filhos, era alegríssima, uma festa constante durante as férias. Lá, nesse tempo, se dançava muito, se brincava muito. Depois, com aquela história de Elsa ir para o convento, Cléa se casou, as outras deram para beatas e então se acabou a alegria,

aquele movimento. Esse período da serra foi muito bom. Estava lá também tia Beatriz, muito inteligente, muito viva, a melhor amiga de mamãe e a alma daquelas festas.

Do tempo em que elas eram jovens — mamãe, tia Beatriz, Elsa — não me lembro, pois ainda era muito criança. Em 1919, mamãe tinha só vinte e sete anos. A temporada foi muito curta. Era como nos romances de Otávio de Faria, passados em Petrópolis: brilho social, festas, piqueniques, novenas, carnaval, tudo muito animado. Já mocinha, quando comecei a ir à serra, o meu grupo era outro, claro. O grupo anterior, de mamãe, tinha se dispersado. E o meu período foi muito mais desbotado e muito curto também. Mamãe não gostava que eu fosse para a serra. Ela tinha ciúmes: já não era muito bem-entrosada com o pessoal da segunda fornada — questão de convicções, de leituras, talvez de religião. Elsa tinha ido ser freira (no ano em que você nasceu) e ela era a estrela da família. Cléa se casou, Maria foi ser freira também.

— *E tem aquele episódio do motorista. Essa história me impressionava muito quando eu era criança, mas nunca ninguém me contou direito.*

— Acho melhor não mexer nisso.

— *Igualzinho ao que papai dizia quando eu perguntava. Mas por quê? Não tem mais ninguém vivo.*

— Tem gente viva, sim.

— *Depois a gente corta.*

— Então, bem, o episódio do motorista: Arcelino tinha um forde de bigode, mas era muito ocupado e não podia servir de motorista para a família. E com todas aquelas viagens de subida e descida da serra, era imperioso haver um motorista. Apareceu então um rapaz, creio que amigo de Arcelino, Licurgo. Era um homem muito bonito e muito educado; parece que tinha estado doente, fora passar uns tempos na serra e ficou sendo motorista na casa de tio Chichio.

— *Mas pela história que eu entreouvia, ele tinha status. Motorista, naquele tempo, seria, hoje em dia, como piloto de avião?*
— Mais ou menos. Havia o chofer, como se dizia, um caboclo. Mas Licurgo era diferente. Não sei nem se tinha salário. Ele se sentava à mesa com a gente, dormia no quarto com os rapazes da casa. E uma das minhas primas, que já era quase solteirona, com mais de trinta anos, começou um namoro com Licurgo. Saíam para passear de automóvel, o namoro já ia muito adiantado, chegando até a se falar em noivado — noivado sem grandes futuros, porque evidentemente Licurgo não tinha eira nem beira —, todo mundo já considerava a coisa definitiva; eles estavam sempre juntos, o namoro cada vez mais apertado. Foi então que estourou a bomba: descobriu-se que Licurgo estava morfético, como se dizia então, hanseniano.

— *Leproso.*
— É, mas dizia-se morfético, era a expressão que se usava. Foi uma coisa terrível. Tudo muito escondido, as crianças não podiam saber, mas eu e Nilda, que éramos muito curiosas, acabamos descobrindo.

Imediatamente, então, embarcaram Licurgo para São Paulo, onde havia tratamento. Ele depois se curou — não sei nem se já morreu, provavelmente sim. Mas foi devolvido à vida normal, curado. Na ocasião, contudo, para a família, foi como se um raio tivesse caído em cima. Morfeia, então, era uma doença terrível, uma coisa realmente horrenda. A minha prima ficou apavorada. E Elsa, principalmente, entrou em pânico total. Licurgo vestia as roupas de Arcelino, usava o banheiro da casa, morava no mesmo quarto — aquela vida em comum de rapazes, uma espécie de república, a que até nós, as moças da casa, não tínhamos muito acesso. Só os empregados é que iam lá.

Então Elsa fez uma promessa (isso foi guardado em segredo, só depois se soube): se, dentro de um ano, não aparecesse ninguém contaminado na família, ela iria ser freira. Elsa era a mais intelectual, a mais fina, a mais talentosa, a que pintava, a que escrevia. E não era a mais religiosa. Das irmãs, a que sempre teve vocação para ser freira era Maria Adelaide, que ainda hoje é viva, com noventa anos: irmã Brito, como é chamada. Elsa, não: era leitora de Eça, de Anatole, de Balzac.

— E era vaidosa. Lembro de mamãe contar que ela andava sempre muito arrumada, com vestidos rendados, imaculadamente brancos. Que tinha o cabelo cor de acaju e era sempre muito corada, parecia uma rosa, uma maçã — nas palavras de mamãe. Depois descobriram papel de seda vermelho debaixo do travesseiro, com o qual ela se pintava, escondido. Você vê que, embora eu não tenha conhecido nem ela nem quase ninguém desse tempo, essas histórias todas me ficaram na cabeça.

— Mas ela era mesmo assim. Muito elegante, muito fina. Morou dois anos aqui no Rio, com tia Beatriz, em casa de tio Mário. Elsa era uma glória para a família. Pois ela fez essa promessa.

A irmã, ainda muito traumatizada, foi para a casa de uma tia nossa, no Pará, e lá encontrou um rapaz rico, bom partido, com quem se casou. Depois do casamento completou-se o tempo que Elsa tinha marcado para ir ser freira se não aparecesse ninguém doente. Ela então reuniu a família e comunicou a sua decisão. Tia Adelaide e tio Chichio, você pode imaginar, quase morreram. Tia Adelaide caiu de cama. Foi aquele inferno. Arcelino teve uma crise de choro e fiquei orgulhosíssima porque ele chorou no meu ombro. Foi a primeira vez que vi um homem chorar e achei lindo, porque era Arcelino. (Eu já estava então com dezesseis anos.)

Elsa foi para o convento e pediu para trabalhar na enfermaria dos tuberculosos. Praticamente se suicidou, porque depois de trabalhar dois ou três anos adoeceu e morreu tuberculosa. A doença, ela pegou lá; antes era muito forte e saudável. Como eu já disse, era uma moça muito atraente, alta, esbelta, de pernas muito bonitas. Nesse tempo se usavam meias cor de bronze. Ela calçava essas meias e ficava com as pernas lindas. Elsa era uma pessoa a quem eu respeitava e admirava muito, provavelmente influenciada por mamãe, que gostava muito dela. Essa é a história de Elsa.

É, portanto, confiando na memória fantástica de Rachel que, daqui por diante, vou deixar as suas lembranças fluírem. Foram dias, meses, anos até, de teimosia e insistência para que ela falasse; depois, a transcrição das fitas, dezenas de fitas — o serviço mais infernal e inferior que alguém já inventou.

3

Rainha dos Estudantes

Lá por volta de 1925-26, havia em Fortaleza um jornal chamado *O Ceará*, cujo diretor e redator era Júlio de Matos Ibiapina, um homem de muito talento, oposicionista por definição, ateu e anticlerical, de quem papai era amicíssimo; tinham sido companheiros de lutas nos tempos da política dos "marretas" e "rabelistas", daí a amizade. A segunda pessoa do jornal, o redator-chefe, era Demócrito Rocha, grande figura, em quem mais tarde falo. Eles mantinham no jornal um suplemento literário que promoveu a eleição da primeira Rainha dos Estudantes do Ceará. Foi eleita Suzana de Alencar Guimarães, moça muito inteligente, escrevia no *Ceará* (tinha um pseudônimo de que não me lembro, marquesa ou *mademoiselle* de não sei o quê) um tipo da literatura feminina da época. Suzana foi eleita a primeira Rainha dos Estudantes e eu, que estava morando no Junco nesse tempo (tinha dezesseis anos), escrevi uma carta aberta para ela, fazendo brincadeiras, rainha em tempo de república!, enfim, gozações ingênuas, mas gozações. Foi a primeira coisa que escrevi; assinei com pseudônimo, Rita de Queluz. Mandei a carta para *O Ceará*, em Fortaleza, a pequena Fortaleza daquele tempo, e a tal carta fez um barulho danado. O jornal a publicou, Suzana a mostrava para todo mundo e começou então a maior curiosidade, descobrir quem a escrevera — foi fulano, foi beltrano e, afinal, chegaram perto: "Foi Daniel de Queiroz ou Clotilde." Outros diziam que era um rapaz não se sabia de onde, que assinara com pseudônimo feminino. Mas Jáder de Carvalho, poeta e jornalista, que já me conhecia (era ainda nosso parente distante), opinou: "Isso é coisa de Rachelzinha, filha de Daniel. Sei muito quem é, só pode ser ela." (Todo mundo me chamava de Rachelzinha por causa de nossa avó Rachel.) E acabaram apurando que tinha sido mesmo eu. Então recebo uma carta do diretor do *Ceará* me convidando para ir a Fortaleza, conhecê-los e ficar sendo colaboradora efetiva do jornal. Isso foi no ano de 1927 e eu, como já disse, tinha dezesseis anos. Mandei logo umas croniquinhas e, na minha primeira ida a Fortaleza, fui visitar o jornal. Ibiapina me recebeu muito bem e me entregou a página literária do *Ceará* (ganhando cem mil réis por mês). Eu tinha que organizar o suplemento, fazer os convites e a seleção de colaboradores e publicar uma crônica minha. *O Ceará* tinha a peculiaridade de ser um jornal ateu e anticlerical. No momento se atirara a uma campanha terrível contra os bispos do Ceará: dom Manoel da Silva Gomes, arcebispo metropolitano, dom Quintino, bispo do Crato, e dom José Tupinambá da Frota, bispo de Sobral. (O estado do Ceará, nesse tempo, só tinha essas três dioceses.) E nessa campanha chegou-se à maior baixaria. O jornal dos padres, *O Nordeste*, só chamava *O Ceará* de *O Condenado*. E o jornal de Ibiapina pôs em uso um slogan que dizia: "Manoel, Quintino e José não são bispos, são bispotes" (bispote quer dizer penico).

Contudo, em vista da amizade de papai com Ibiapina, continuei a escrever no jornal, onde fiquei até 1928. Mas eis que no início de 1928 saiu um artigo de fundo do *Nordeste* a meu respeito:

"Como é que a família permite a uma jovem pura, recém-saída de um colégio de freiras, escrever para O *Condenado*?" E terminava: "Tememos pelo futuro dessa jovem!"

Ibiapina então escreveu uma carta a papai dizendo que não queria me expor a maledicências, que eu era o encanto, a graça do jornal, mas que não queria me ver alvo dos "baldões da padralhada" etc. e que se eu quisesse sair ele compreenderia, não iria considerar uma deserção. Papai, do Junco, respondeu que não, estava tudo bem, e se *O Nordeste* continuasse a falar mal, podia deixar com ele.

Mas nesse ínterim, em janeiro de 1928, creio, o Demócrito havia fundado *O Povo* e logo depois, todos nós, Suzana, Djacir Menezes, eu, fomos para lá.

Quando entrei para *O Povo* já foi com outro status: colaboradora permanente, porque, morando no sítio, no Pici, não dava para ser redatora, principalmente trabalhar à noite.

Mas foi ainda no *Ceará* a primeira tentativa de romance que fiz, um folhetim que se chamava *A história de um nome*, em que o nome Rachel vinha passando por várias épocas, primeiro dado a uma moça judia, na Idade Média, e seguia atravessando os séculos até os dias atuais. Era uma droga, mas já devia mostrar algum dedo de romancista, porque chamou a atenção de Beni Carvalho, de Antônio Sales, que procuraram me conhecer. Beni era um homem muito lido, muito culto, vice-governador do Ceará. Foi então que me aproximei intelectualmente dessa gente e passei a fazer parte das rodas literárias de

Fortaleza. Quando escrevi *O Quinze*, entre 1929 e 1930, já era jornalista profissional. Foi então também que tive o único emprego público da minha vida: fui nomeada interinamente professora da Escola Normal — professora de história — ganhando quatrocentos mil réis por mês, o que era um ordenado razoável nessa época. Imediatamente comprei um automóvel, um Overland de quarta ou quinta mão, assinando dez promissórias de duzentos e cinquenta mil réis (o automóvel custava dois contos e quinhentos). Foi com esse mesmo carro que derrubei o alpendre da casa do Pici, quase matei papai e então me tomaram o carro. Papai me fez jurar que nunca mais eu iria dirigir, pois, "além de louca, era cega". Isso me marcou tanto que, por causa dessa promessa a papai, nunca mais peguei na direção de um carro.

Um episódio curioso foi que eu, como professora da Escola Normal, era mais nova do que a maioria das minhas alunas. Eu tinha dezoito anos e fiquei com grande popularidade entre as meninas porque me punha ao lado delas ao surgir qualquer reivindicação, enfrentando o então diretor, disciplinador e autoritário. As normalistas chefiavam a campanha junto dos alunos do Liceu e das faculdades; e, vindo um novo concurso, me elegeram Rainha dos Estudantes. Fui uma rainha muito festejada porque, sendo jornalista e já tendo saído *O Quinze*, havia muita badalação em torno de mim. Cidade pequena, sabe como é.

No dia — na hora mesmo — em que eu estava sendo coroada Rainha dos Estudantes, no salão de honra da Escola Normal, vestida num longo, de cauda, feito de uma espécie de cetim pesado, cor de pérola, nesse momento, quando estavam botando a coroa na minha cabeça, entrou na sala, correndo, um rapaz fardado do Liceu que gritou: "Para, para! Chegou notícia de que João Pessoa foi assassinado no Recife!"

Estava-se então em plena ebulição da campanha ou guerra de Princesa, na Paraíba, que precedeu a revolução de 1930 — pela qual, claro, não me interessei; já estava comunista, muito doutrinada por Djacir Menezes, Jáder de Carvalho, Moesia Rolim, os comunistas daquela época, então a minha corriola. Chamávamos a revolução de 1930 de "o golpe dos tenentes".

Eu tinha então uma espécie de namorado que era capitão do Exército e fora combater pelos legalistas. Nossa despedida foi até muito desagradável, porque ele veio, muito heroicamente, me dizer adeus: ia para a Paraíba com a tropa do coronel Pedro Ângelo (que logo foi morto a tiros pelos revoltosos). E falou: "Adeus, Rachel. Vou para a guerra, posso morrer, adeus!" E eu disse: "Bem, não posso lhe dizer que não vá, porque você é soldado profissional e tem mesmo que correr o risco de morrer na guerra. Afinal, vocês só trabalham quando 'a guerra' chega."

Ele declarou então que eu era uma mulher sem coração, cruel e fria, e o namoro acabou. É que, além do meu radicalismo, na verdade eu não gostava muito dele.

Com o alvoroço daquela notícia da morte de João Pessoa, a minha coroação ficou tumultuada, interrompeu-se tudo: eu tirei a coroa com uma das mãos e com a outra apanhei a saia, fui para o meio da confusão e a coroação acabou virando comício, com o pessoal fazendo discursos. O presidente do estado, Matos Peixoto, que presidia a cerimônia, chamou papai e mamãe, me pegaram e me levaram para o carro oficial: realmente, eu ali, fantasiada de rainha, no meio daquele furdunço todo, estava meio esquisito. E as flores, os bolos, os presentes, foi tudo de roldão para o Pici, e acabou que João Pessoa estragou a minha festa.

Ele tinha sido assassinado à tarde e os telegramas chegaram de noite — nesse tempo era tudo muito lento, só telegramas traziam as notícias.

Mas o meu período de rainha foi muito divertido porque eu era bastante popular entre os "súditos" e vivia cercada pelo pessoal dos colégios. Estávamos sempre arranjando motivos para reuniões e manifestações.

A chegada de companhia de teatro numa cidade pequena, como a Fortaleza daquele tempo, era um acontecimento. As famílias faziam assinaturas para toda a temporada. Nós, lá em casa, também. Mas durante os espetáculos, em vez de ficar com minha família na plateia, a rapaziada do Liceu e as moças da Escola Normal faziam um "trono" para mim na "torrinha" e eu ficava com eles. Lembro de uma vaia que demos em Maria Sabina, declamadora, vaia comandada por mim. Ela com um vestido branco, de mangas perdidas, declamando um negócio sobre o vento que dizia assim: "... e o vento faz uuuu..." Nesse tempo era moda declamar. Mulheres que saíam fazendo recitais pelo Brasil todo — Margarida Lopes, Ângela Vargas — eram verdadeiras rainhas dos salões. Toda poetisa era também declamadora. E Maria Sabina era uma das estrelas do ofício. Sei que toda vez que ela fazia "uuuuu" a gente, lá de cima, prolongava o "uuuu", numa vaia. Foi o maior escândalo.

Bem, veio a revolução de 1930, o presidente do estado (dr. Matos Peixoto, governador do Ceará no período de 1929 a 1930) foi deposto; eu entreguei o cargo de professora, pois acabara a minha interinidade e também, então, eu já estava em outra.

Nunca fiz e nunca me interessei por curso superior. Embora na minha época já houvesse mulheres formadas, médicas, juízas, eu era a total autodidata. Toda a escolaridade que tive foi de junho de 1921 a novembro de 1925. Contudo eu lia muito. Mamãe tinha uma biblioteca muito boa e tanto ela quanto papai me orientavam nas leituras. Quando eu era adolescente, eles liam para eu ouvir, faziam mesmo sessões de leitura; e quando chegavam os pedaços mais escabrosos, de Eça, por exemplo, discretamente pulavam e disfarçavam. Não queriam me privar da leitura, mas naquele tempo uma moça não podia ler cena de sexo. Não se usava, era um escândalo dos diabos. Isso eles conseguiram manter até eu começar a escrever. Me lembro de que quando escrevi *João Miguel* foi uma mulher lá em casa dizer a mamãe: "Clotilde, você não acha que *João Miguel* tem cenas muito cruas para Rachelzinha ter escrito?" E mamãe: "Pois é, se não fosse ela que tivesse escrito essas cenas eu não deixava que ela lesse..." Mamãe falou de gozação, mas a mulher saiu muito consolada.

4

O Quinze

O Quinze foi publicado em agosto de 1930. Não fez grande sucesso quando saiu em Fortaleza. Escreveram até um artigo falando que o livro era impresso em papel inferior e não dizia nada de novo.

Outro sujeito escreveu afirmando que o livro não era meu, mas do meu ilustre pai, Daniel de Queiroz. E isso tudo me deixava meio ressabiada. Morava então no Ceará o jornalista carioca Renato Viana, que me deu os endereços das pessoas no Rio de Janeiro, uma lista de jornalistas e críticos para os quais eu devia mandar o livrinho. O mestre Antônio Sales, que adorou o livro, também me deu outra lista. Então me chegou uma carta do meu amigo Hyder Corrêa Lima, que morava no Rio, convivia com Nazareth Prado e a roda de Graça Aranha. Hyder mostrava na carta o maior alvoroço e contava o entusiasmo de Graça Aranha por *O Quinze*. Depois veio uma carta autografada do próprio Graça, realmente muito entusiasmado. Em seguida começaram a chegar críticas, de Augusto Frederico Schmidt (no "Novidades Literárias"), do escritor Artur Mota, em São Paulo; foram pipocando notas e artigos, tudo muito animador. No Ceará, não. Não me lembro de nenhuma repercussão. Depois, quando a coisa virou, é que o livro começou a pegar por lá.

Uma história que eu nunca conto, passou-se logo depois da publicação de O Quinze. Uma pessoa da nossa roda, escritor, poeta, até brilhante, mas que não era bom caráter, quando o livro começou a fazer sucesso, escreveu aquele artiguinho de que já falei, dizendo que o romance era impresso em papel de jornal, um livrinho muito ordinário. Depois, quando O Quinze começou a pegar e a escreverem a respeito, ele passou a espalhar, em notas assinadas com pseudônimo, que o livro não fora escrito por mim, mas, talvez, por papai ou pelo escritor Beni Carvalho. Eu fiquei muito indignada — lembre-se de que era muito moça e aquele era o meu primeiro livro, meu primeiro êxito e eu estava muito alvoroçada. Então, uma vez estávamos numa roda na praça do Ferreira, no Café Globo — acho que hoje já destruído, defronte à Rosa dos Alpes (era um dos escândalos que eu causava em Fortaleza, mocinha, frequentando o café dos literatos; mas, engraçado, nunca uma moça se sentiu tão protegida, tão mimada, uma moça sozinha num meio quase que só de homens, alguns da minha idade, outros mais velhos, mas em todos só encontrei carinho, sem nenhuma intenção que não fosse puramente afetuosa, literária). Mas voltando à história do colega, não lhe digo o nome, como contei, ele saiu espalhando aquela história de que o autor do livro era papai ou Beni, escritor muito conhecido e respeitado.

Nesse dia, no Café, o tal cara se aproximou de mim e disse ao me dar a mao: "Desculpe as minhas mãos frias." Eu então falei no ouvido dele: "Não me venha com essa conversa de mão fria. Você escreveu aquelas notas e eu podia lhe bater, porque sou maior e sou mais forte (ele era pequenininho e magrelinho). E não lhe bato porque não sou a Henriqueta Galeno, que bate em homem. Mas se um dia eu pegar você num lugar, sozinho, lhe dou uma surra." Ele ficou muito pálido e afastou-se.

Passaram-se alguns meses. Então, um coronel do interior — que eu pintei em *João Miguel* — tinha matado um irmão dele, do tal das notas ferinas. Coisa de briga política: o coronel assassinara o moço, promotor no interior. E veio preso para Fortaleza; isso se dera exatamente quando eu estava escrevendo *João Miguel*. Nesse tempo, era moda a gente "colher material" na fonte. Assim, eu frequentava a cadeia pública para ver o ambiente da cadeia, para "estudar o meu material".

Um dia, às duas horas da tarde, vinha eu saindo da cadeia (nesse tempo, na calçada lateral, que dava para o lado do mar, não havia casa nenhuma, nenhuma construção. Era um despenhadeiro de areia que ia até a praia: só havia ali a calçada, relativamente estreita, que circundava o prédio da cadeia). Naquela hora da tarde fazia um sol terrível (usava-se sombrinha, então) e eu trazia uma sombrinha de seda estampada para enfrentar o sol. Saí da cadeia por uma porta lateral, abri a sombrinha e ia sozinha pela calçada deserta, a fim de pegar condução lá perto do passeio público; e eis que avistei, vindo do lado da Santa Casa, o tal cara — que andava sempre na cadeia perseguindo o coronel, assassino do seu irmão, vendo se o preso não estaria obtendo concessões etc. Vestia ele um terninho branco, e caminhava na minha direção. Quando nos íamos cruzando, na calçada estreita, quase colidimos. Ele parou, assim de repente, não sei se tinha percebido que era eu quem estava ali. Sei que fechei a sombrinha, segurei o cara pela gola do paletó e bati nele nos ombros, na cabeça, até quebrar a sombrinha. O coitado se defendeu com os braços, mas não tentou revidar. Depois o larguei, joguei fora a sombrinha quebrada, nos separamos e nunca dissemos a ninguém uma palavra sobre isso. Anos mais tarde ele morreu e esse segredo foi guardado até hoje. Contei o caso em família, a alguns amigos íntimos, mas esta é a primeira vez em que torno público. Para, de certa forma, me penitenciar.

5

O Partido

Voltando um pouco atrás: diplomei-me professora em 1925, com quinze anos. Passamos os anos de 1926 e 1927 no sertão e numa casa do Benfica, que papai construíra entre 1924 e 1925 — e onde você nasceu, Maria Luiza, "o nosso sonho dourado, realizado ao romper da aurora do dia 9 de setembro", na frase lírica de Antônia escrita no dorso da sua primeira foto.

Em 1927 compramos o Pici. Por todo esse tempo em que deixei o colégio e fiquei em casa, eu começara a ler, ler de verdade. Lia tudo que me caía às mãos, embora sob a censura de mamãe e papai, que antecipadamente me escolhiam os livros. Lembro-me de *As mentiras convencionais*, de Max Nordau, de que mamãe gostava muito. Tratava-se de um filósofo de bolso, desses que agora estão cada vez mais em moda e que atacava, ironizava, a hipocrisia da "sociedade moderna" de então. Já lia também uns livros de Barbusse, como *Le feu*, mas lia principalmente os russos, Dostoiévski, Gorki, Tolstói, e todos aqueles dos quais mamãe me passou a sua paixão. E por isso, socialismo, revolução russa, comunismo, e até mesmo marxismo propriamente dito, já me eram então assuntos familiares.

Quando comecei a trabalhar, a escrever no *Ceará*, me iniciando como jornalista, estávamos no sertão, pois era inverno, o inverno de 1928. Voltamos depois ao Pici, nosso sítio em Fortaleza. Comecei a conviver com os moços da minha geração, destacando-se entre eles Hyder Corrêa Lima e Djacir Menezes. Djacir era redator do *Ceará* e já ideólogo comunista, perfeitamente "marxizado"; já Hyder vinha do Rio, do grupo dos professores Bruno Lobo e Castro Rebello, que eram os seus gurus; como o eram também dos seus colegas Adelmo de Mendonça, Nise da Silveira, Mário Magalhães, Eneida, já "comunizados" e simpatizantes do Partido. Em 1931, quando vim para o Rio receber o Prêmio Graça Aranha, dado a *O Quinze*, já eu também estava, como os outros, politizada e "comunizada". Tanto que, por ocasião da revolução de 1930, não tomei parte em nada, fiquei de fora, não porque não apoiasse os revolucionários contra Washington Luís, mas porque, entre nós, se considerava esse movimento "uma revolução absolutamente burguesa, sem característica social", que nós, claro, rejeitávamos.

Assim, pois, nessa vinda para o Rio em 1931, eu trouxe uma carta de Hyder para Mário Magalhães, me apresentando a ele, a Nise da Silveira. Eles, contudo, não eram do Partido, só simpatizantes. Eneida também andava nessa roda, embora fosse casada, ao tempo, com o acadêmico Múcio Leão. E nos dávamos também com dom Alfonso Reyes, embaixador do México, poeta e escritor, amigo de Manuel Bandeira, uma figura preciosa. Lembro o "Rondó dos cavalinhos", onde Manuel diz:

"Alfonso Reyes partindo,
E tanta gente ficando...
O sol tão claro, Esmeralda.
E em minh'alma — anoitecendo!"

Antes, no Ceará, já eu tinha tido contatos políticos com os remanescentes do Bloco Operário e Camponês, esmagado pela polícia de Washington Luís, o presidente que considerava a questão social "um caso de polícia".

Entre esses contatos, recordo o pedreiro Oliveira, um dos participantes mais ativos e interessados (morreu mais tarde esmagado pelas paredes de um poço que caíram quando ele o estava construindo); havia também um rapaz de olhos verdes, de cujo nome não me lembro, empregado na Estrada de Ferro. E, principalmente, havia o meu amigo Laudomiro Pereira, bancário, muito culto, já absolutamente politizado. Aliás, descrevi todos eles (com outros nomes) no romance *Caminho de pedras*. Enfim, já formávamos um núcleo, cujo contato principal, por meu intermédio, era Hyder, que também já "trabalhava", embora não pertencesse ao Partido.

Ao voltar para o Ceará, em 1931, após dois meses no Rio, eu levava credenciais do Partido e a missão de promover a reorganização dos destroços do Bloco Operário e Camponês e instalar em Fortaleza uma nova Região. Como em Fortaleza o grupo era muito pobre em pessoas de instrução melhor, operários, na maioria (Hyder já clinicava no interior, em Granja, e não podia trabalhar conosco), fiquei como uma espécie de consultora, por causa dos meus contatos no Rio. Inscrevi-me, então, como membro do Partido. Mas era tudo muito precário, naquela estreita clandestinidade. Não me lembro de se fazerem inscrições em livro ou mesmo em papel apropriado; nem boletins, nem ordens de serviço, nada. Ao contrário, era preciso ter o maior cuidado com papéis, documentos e até livros, porque a polícia era brutal e levava logo tudo para a cadeia. Papéis e pessoas.

Quando Getúlio chegou ao Rio de Janeiro no seu trem, fardado de coronel (gordinho e meio ridículo), trouxe consigo o estado de sítio e a mais "legislação" que compõe uma "revolução" desse tipo. A repressão policial ficou mais feroz.

Antes houvera a cisão de Prestes com os tenentes (companheiros de Getúlio no movimento de 1930); Prestes era o nosso ídolo e, em certo período, nosso elemento de contato com a União Soviética. Tudo o que se recebia de lá vinha através do Uruguai e era então passado para o pessoal do Rio, que distribuía o material para nós, nos estados. E tudo muito mal traduzido do espanhol. Diziam "campesinos" por camponeses, "burguezitos" e coisas assim. Ainda hoje, quando encontro um comunista que fale essa linguagem, sei que ele era do Partidão daquele tempo. Via Uruguai.

Os dirigentes do Rio me fizeram então secretária da Região no Ceará. Não por mérito, mas por ser capaz de escrever e datilografar. Eu recebia a correspondência e o material de propaganda. Eu ia às reuniões clandestinas e papai não se opunha, contanto que eu lhe dissesse o local onde deveria estar. Sabendo por onde eu andava, ele e mamãe ficavam tranquilos. Aliás, várias reuniões se faziam no próprio Pici, que era um ponto excelente, casa de família e, até então, fora de qualquer suspeita.

Em 1932, quando vim de novo ao Rio, já era membro do Partido e vinha comissionada para estabelecer contatos, receber palavras de ordem e material de propaganda. E trazia comigo, prontos, os originais do meu segundo romance, *João Miguel*.

A célula a que me dirigiram costumava reunir-se no coreto da praça da estação do Méier. Ia-se de trem até lá. Três a quatro pessoas, homens e mulheres, às vezes fingindo-se de namorados.

E houve também um famoso *plenum* (nós dizíamos pleno) organizado num barraco, em Anchieta, num local despovoado. Lá passamos um dia e uma noite, em debates. Éramos talvez umas trinta a quarenta pessoas — nem sei quem ainda está vivo. Eu era uma das mais jovens. Havia também uma moça chamada Vera, de uns trinta anos, operária, muito politizada, muito articulada. E bonita. Mais duas companheiras vindas de São Paulo e a Eneida de Morais, que, como eu disse, já era do Partido. Naquela noite as mulheres foram dormir no quarto da casa e os homens, em esteiras, na sala.

Eu andava metida em cheio não só com o Partido, mas com uma porção de gente que estava na ilegalidade. Esse curto período de 1932 foi a minha mais prolongada fase de militante.

Pouco depois rebentou a revolução de 1932 em São Paulo e nós resolvemos apoiá-la, embora fosse um revolução de caráter burguês. Era, porém, um levante contra a ditadura de Getúlio, já então nosso inimigo.

6

O rompimento

Como já disse linhas atrás, ao chegar ao Rio, trazia comigo os originais de *João Miguel*. Sabendo disso, uma pessoa da direção do Partido me procurou com um recado: eu deveria lhe entregar os originais do meu romance para que fossem lidos pelos dirigentes. Só então, depois dessa leitura, me dariam permissão para editar o livro.

Obedeci, de má vontade. Mas na província, de onde eu vinha, fazia-se, entre os comunistas, muita questão da disciplina, no caso especial dos "intelectuais". Os operários, que compunham a aristocracia dos grupos marxistas, exigiam de nós obediência cega. Os intelectuais eram por eles considerados uma espécie de subclasse, pouco merecedora de confiança.

Passou-se quase um mês quando me procurou alguém do Partido e me levou para receber a "decisão" sobre o romance. Levaram-me para o cais do porto, a um velho armazém desativado, em cuja frente havia um poste de parada de bonde. Lá dentro, ao fundo, uma mesa comprida, junto à qual se sentavam três pessoas: um negro alto, bonito, extremamente formal e pedante. Esse, presidia a mesa. O outro, nunca lhe soube o nome; e o terceiro, que usava então o codinome de Miranda, envolveu-se depois numa história que a imprensa carioca explorou largamente: o assassinato, ou antes, a "execução" de uma moça acusada de delatar companheiros à polícia. Dizia-se que Miranda fora um dos executores, embora fosse então marido dela. Ou "companheiro", como era de uso dizer.

Defronte da mesa, a uns três metros de distância, havia apenas um tamborete de madeira, supostamente destinado a banco dos réus, ou antes, à ré, que seria eu. O negro — chamo-o assim porque também nunca lhe soube o nome — apresentava-se de calça e camiseta sem mangas, dessas que só se viam então nos estivadores do cais do porto. Talvez se vestisse assim como signo da sua alta politização. Os dois que o cercavam usavam roupas comuns. Eu, obediente, me sentei no banco dos réus. O presidente, declarando que acabara de chegar da União Soviética (eles jamais diziam Rússia), trazia ordens expressas de conter as infrações dos intelectuais. Afirmava ter lido atentamente o meu romance. E concluíra que eu não poderia receber permissão para o publicar sem fazer importantes modificações na trama, carregada de preconceitos contra a classe operária. Por exemplo: uma das heroínas, moça rica, loura, filha de coronel, era uma donzela intocada. Já a outra, de classe inferior, era prostituta. Eu deveria, então, fazer da loura a prostituta e da outra a moça honesta. João Miguel, "campesino", bêbedo, matava outro "campesino". O morto deveria ser João Miguel, e o assassino passaria de "campesino" a patrão. Indicou mais outras modificações menores, terminando por sentenciar: "Se não fizer essas modificações básicas, não podemos permitir que a companheira publique o seu romance."

Ele tinha nas mãos, num rolo de papel pardo, a única cópia do livro que eu possuía, mal datilografada por mim mesma, na minha velha Corona. Levantei-me, devagar, do meu banco. Cheguei à mesa, estendi a mão e pedi os originais para que pudesse operar as modificações exigidas. O homem, severo, me entregou o rolo. Eu olhei para trás e vi que estava aberta a porta do galpão, a sua única saída. E, em vez de voltar para o banco, cheguei até o meio da sala, virei-me para a mesa e disse em voz alta e calma: "Eu não reconheço nos companheiros condições literárias para opinarem sobre a minha obra. Não vou fazer correção nenhuma. E passar bem!"

Voltei-me para a porta e meti o pé na carreira. Na verdade, eu estava morrendo de medo daquele local solitário, daqueles homens mal-encarados. Por sorte minha, no poste junto à calçada, um bonde tinha parado e ia dando partida. Atirei-me aos balaústres, subi no bonde já em movimento e me sentei no banco entre vitoriosa e apavorada. Desse dia em diante, nunca mais tive contato pessoal com dirigentes do Partido. No primeiro número do *A Classe Operária* (órgão oficial do Partido Comunista), publicado após esse incidente, dizia-se em letras garrafais que eu fora "irradiada" (expulsa) do Partido por ideologia fascista, trotskista e inimiga do proletariado.

Realmente, os do PC não me caluniavam ao me apodarem de trotskista.

7

Schmidt, poeta e editor

João Miguel, depois dessas aventuras, acabou nas mãos de Augusto Frederico Schmidt, que inaugurara a sua Schmidt Editora. Já o livro publicado, estávamos um dia na Livraria Católica (onde Schmidt era também o dono) e ele me pagou, por conta, quinhentos mil réis. Fiquei satisfeita: pelo menos aqueles quinhentos eu já levava. Mas daí a meia hora, estávamos conversando e chegou um credor dele, exigindo pagamento. Schmidt se virou para mim: "Rachel, me empresta aí aqueles quinhentos mil réis que eu te dei." E eu emprestei, até o dia de hoje.

Schmidt era um sujeito incrível, uma das personalidades mais estranhas, singulares e variadas que conheci. Um homem de um grande talento poético, de um grande senso lírico, aliado a um sentimento trágico do mundo.

Isso fazia parte do judeu que ele era. E havia a outra parte, a do judeu clássico dos antissemitas, o comerciante, o homem de interesses, que não pagava, antes tomava o dinheiro da gente. Mas, ao mesmo tempo que nos tomava o dinheiro, lançava-se naquela aventura de ser editor, e só publicava textos que considerasse de muito boa qualidade. Jamais publicou um livro pelo mero interesse de publicar.

Foi ele que lançou *Casa-grande & senzala*, de Gilberto Freyre; lançou Graciliano com *Caetés*; lançou *João Miguel* comigo; lançou *Maquiavel e o Brasil*, de Otávio de Faria, lançou Cornélio Pena — só queria aqueles que lhe pareciam realmente valer a pena.

A onda dos nortistas estava começando, timidamente; mas logo Zé Lins apareceu com *Menino de engenho*, já então pela José Olympio. Quer dizer que o Schmidt arriscou-se. Ele dizia que não tinha vintém, que era paupérrimo. Antes de ser editor, acho que tinha sido funcionário de uma serraria, e quando iniciou a editora já havia publicado alguns dos seus livros de poesia, creio que *O pássaro cego*, *Canto do brasileiro*, *Navio perdido*, e firmara sua posição de grande poeta. Foi também Schmidt o inventor do primeiro supermercado do Brasil, O Disco. Já a cadeia Disco foi fundada depois. Lembro-me de um amigo meu me telefonar e dizer: "Rachel, eu queria falar com aquele poeta dos supermercados!" Era o Schmidt.

Quando eu o conheci, Schmidt já tinha uma grande paixão pela que depois foi sua mulher, Yeda Ovalle, sobrinha de Jaime Ovalle. Aliás, o casamento nunca deu certo e Schmidt sentia-se e dizia-se muito infeliz, pois — alegava — amava profundamente a mulher e não era correspondido.

8

Rodas de amigos

Como já falei, minha viagem ao Rio de Janeiro, em 1931, tinha como motivo receber o prêmio de literatura da Fundação Graça Aranha dado a *O Quinze*. Hospedei-me em casa de tio Esperidião — uma pequena casa em Santa Teresa, na rua Petrópolis, rua que hoje mudou de nome. A Fundação Graça Aranha era criação recente de d. Nazareth Prado (dos ricos Prado de São Paulo), a amada eterna de Graça Aranha. A ideia da Fundação partira do próprio Graça, é claro, mas ele não fruiu muito tempo da homenagem, morreu logo após decidir a primeira premiação: Murilo Mendes para poesia, Cícero Dias para pintura e eu para ficção. O meu *O Quinze* fora uma das últimas leituras do velho Graça, que me escreveu uma carta entusiasmada, já me falando do prêmio; dias depois teve o enfarte. Quando Nazareth Prado me levou para conhecer o espaço da Fundação, constatei a veracidade de sua afirmação sobre a "última leitura": na reconstituição do gabinete do mestre, aberto sobre o braço da *bergère* onde ele costumava sentar-se para ler, estava o exemplar de *O Quinze* que eu lhe mandara com dedicatória. Fiquei meio encabulada e achei a homenagem um tanto fúnebre. E os amigos me gozavam, dizendo que Graça morrera da leitura...

Nazareth Prado tornou-se minha amiga; contava-me episódios da sua paixão, de quarenta anos, por Graça. Lia-me cartas de amor, muito antigas, que ele lhe escrevera, algumas das quais ele reproduziu no seu livro *Viagem maravilhosa*. Nazareth morava no nono andar de um edifício à praia do Flamengo, de cuja janela lateral dizia-me que avistava uma luzinha azul, posta sobre o túmulo do amado morto, no cemitério de São João Batista.

Apesar do luto, recebia muito, para chás e jantares. Lá conheci a roda do pessoal do Itamaraty e outros grã-finos. Ao mesmo tempo, através de Nise, Mário e Adelmo, me aproximei do pessoal do Partido. Digo assim "pessoal do Partido" porque não posso nomear ninguém; deles, só conhecia os codinomes. Contudo, eu e Eneida, embora não andássemos juntas, frequentávamos células do PC. E havia ainda um terceiro grupo de amigos meus, os da Livraria Católica. No mesmo período em que saiu *O Quinze* saiu também *Maquiavel e o Brasil*, de Otávio de Faria, e *Oscarina*, de Marques Rebelo. Nós fizemos amizade, os três, e nos encontrávamos na livraria, onde pontificava o Schmidt, na travessa do Ouvidor.

Com os do Partido, a gente se reunia principalmente no Laboratório Bruno Lobo, na rua Gonçalves Dias. Deles recebi aquela espécie de missão de organizar o PC em Fortaleza; ou, melhor, fizeram de mim uma espécie de mensageira (começava a era de pós-revolução de 1930, vivendo-se uma fase de grande repressão). Dados os meus contatos em Fortaleza com o grupo de simpatizantes comunistas, mandaram-me, pois, levar o material necessário para se fundar ali o Partido, sobre os destroços do Bloco Operário (como já contei).

Essa estada no Rio (1931) foi, portanto, muito curiosa: eu tinha amizade com Ruth Leone, viúva de Raul de Leone, o grande poeta ("... O nosso amor abalaria o mundo/E do teu seio nasceriam deuses" — era o fecho de um dos seus sonetos); com Leolina Ovalle, mulher de Xeru, filho do marechal Hermes; com o celebrado Jaime Ovalle (grande amigo de Manuel Bandeira) e com Edgar Ovalle. E havia ainda Schmidt; e havia o marechal Costallat (avô de minha futura amiga Lota de Macedo Soares), casado com uma mulher belíssima, Orminda Ovalle, miss Rio de Janeiro. Dela dizia o marido, o velho marechal, que era uma perfeita narcisista, vivendo só de se mirar nos espelhos e cuidar da beleza. Com esse grupo eu ia a Paquetá, à casa do marechal, que lá morava. E a gente passava os domingos em grandes almoços e passeios pela ilha.

Já com Adelmo, Mário Magalhães e Nise (hoje a famosa alienista Nise da Silveira), eu frequentava a roda dos esquerdistas e a gente almoçava no restaurante Reis, um restaurante modesto, ponto de estudantes. No grupo havia um poeta uruguaio, Raul Gonzales Tuñon, com quem depois, já de volta ao Ceará, mantive correspondência e troca de informações literárias durante algum tempo.

E, rematando, como já falei havia o pessoal da família de tio Esperidião, Rodrigo e Sílvia, principalmente.

Já eu então estava namorando Zé Auto, que conhecera nessa viagem ao passar de navio pelo Recife quando vim receber o prêmio. Mas na volta ao Ceará nem vi Zé Auto, que fora transferido para Alagoas. Em Fortaleza é que comecei a receber cartas dele, e o nosso namoro se fez apenas por correspondência durante todo o fim de 1931. Eu então já estava metida com o Partido, frequentando as reuniões secretas. Fiquei no Ceará até 1932, quando voltei ao Rio. Eu tinha sido presa em Fortaleza, andava meio desgostosa e papai, para me consolar, me deu uma passagem de ida e volta para o Rio de Janeiro.

9

Comício, prisão e viagem

Durante essa estada no Rio, já rompida com o Partido, uma tarde assistia eu a um comício em frente ao Teatro Municipal e comigo estavam as meninas de tio Esperidião. Mirta se dizia de esquerda, porque andava meio apaixonada por Álvaro Paes Leme, paulista, nosso camarada então. Era durante a revolução de 1932, em São Paulo, e nesse comício fui presa. Meses antes conhecera eu Carlos Echenique, apresentado por Jorge Amado; Édison Carneiro, o sociólogo, e outros baianos. Fiz então amizades que se não duram todas até hoje é porque a morte os levou.

Bem, durante o comício fui presa, levada para a sede da polícia, na rua da Relação; Echenique me acompanhou de longe, passou a noite sentado no meio-fio da calçada da polícia, tomando conta. De manhã, ele e os outros foram falar com meu tio Eusébio (dr. Eusébio de Queiroz Lima, o jurista), que procurou o ministro da Justiça, amigo dele. O ministro declarou que eu não poderia ficar no Rio: estavam pegando todo mundo de esquerda por causa da revolução paulista. Em São Paulo, propriamente, também estavam presos todos os simpatizantes de esquerda: é que a polícia procurava dar uma cor comunista, subversiva, à revolução pró-constituição dos paulistas.

Tio Eusébio encontrou uma fórmula para o meu caso: responsabilizou-se por mim e atenderia à exigência da polícia de me embarcar imediatamente para o Ceará.

Entre a prisão e o embarque, passei a noite na rua da Relação. Lá fui posta numa cela onde já estavam duas moças, duas prostitutas, que haviam sido presas porque faziam o *trottoir* na avenida. Não aceitaram, de início, que eu tivesse sido presa por política e uma delas me disse: "Você, que está começando na vida, tenha cuidado. Olhe, não vá se apaixonar. A pior coisa da vida é se apaixonar. E também não pense em se regenerar, não. Regenerar é besteira. Eu, por exemplo, arranjei um velho, casado, pai de família, sujeito distinto. Disse comigo: 'Vou me regenerar, vou ficar com esse velho.' Aí o velho abriu falência, me botou no olho da rua, e eu tive que recomeçar tudo da estaca zero..."

No dia seguinte tio Eusébio veio me tirar da cadeia, e vimos então que lá estava Echenique, ainda na calçada, sentado no meio-fio. Echenique e eu, não era nada de amor, era só amizade mesmo. Foi outra das melhores amizades que tive na vida e que durou até ele morrer.

Tomamos um táxi, fomos para o cais, subimos no navio, o Almirante Jaceguai (creio que posto a pique durante a guerra) e tio Eusébio me entregou ao comandante Teixeira de Souza com uma carta do chefe de polícia do Rio, onde se ordenava que eu fosse entregue a meu pai, em Fortaleza. Tio Eusébio me deu um beijo, fez umas brincadeiras comigo — ele era realmente um homem maravilhoso. Muito inteligente, muito lúcido, um democrata autêntico: nos deixava discutir as maiores tolices, tolerava as nossas insolências comunistas e chegava a debater com a gente. Aquela cultura tão grande e nós uns bobalhões, mas ele discutia conosco de igual para igual; era mesmo um sujeito único.

O comandante Teixeira de Souza me recebeu muito bem. Era um português velhote, magro, muito simpático, muito inteligente. E viajavam no mesmo navio dois almirantes e um comandante, que iam comandar a flotilha do Amazonas: o almirante Jorge, o comandante Silva e outro de cujo nome não me estou lembrando. Os quatro me adotaram e eu fiz uma viagem de princesa. Ficava todo o tempo com eles na ponte do comando, almoçava e jantava com eles na mesa do comandante do navio. O mais novo deles, o Silva, era solteirão. Os outros, então, cismaram em me casar com o comandante Silva. O Silva era alto, magro e, para os meus vinte e um anos, velhíssimo (tinha uns cinquenta e tantos anos, mas era o galã dos três, que já estavam na casa dos sessenta e muitos).

Chegando à Bahia saímos os cinco a passeio. E, na volta, trazíamos o táxi cheio de presentes, flores e frutas que eles compraram para mim. No Recife, a mesma coisa. Quando íamos chegando a Natal, o comandante Teixeira de Souza me entregou a roda do leme e me deixou fazer toda a entrada do barco no porto. Ao lado, os meus ajudantes de ordens, os almirantes. Foi mesmo uma viagem muito divertida.

Chegando ao Ceará, eles entraram comigo num carro e foram, pessoalmente, me entregar a meu pai.

Fui para o Ceará e fiquei. A correspondência com Zé Auto continuara e nós já nos considerávamos noivos. Quando passara por Maceió, ele estava preso; e, embora nunca se houvesse filiado ao Partido, via-se mais ou menos na mesma posição que eu ante a polícia. Zé Auto era pernambucano (a mãe, pernambucana, irmã do poeta Bastos Tigre), mas toda a família paterna dele era alagoana e morava em Maceió. Mas quando passei por Maceió, na viagem com os almirantes, a polícia de lá o prendeu, para que ele não pudesse me visitar a bordo Contudo, por intermédio de uma vendedora de rendas, ele me mandou um bilhete em alemão: *"Ein million Kussen."*

E no Ceará, até esse final de 1932, continuou minha correspondência com Zé Auto.

10

Itabuna

Zé Auto e eu nos casamos no dia 14 de dezembro de 1932, no Pici, com um juiz que foi oficiar a cerimônia lá em casa. Mamãe botou na minha mesa de escrever aquela toalha adamascada que já servira no casamento dela, trouxe um buquê de flores de laranjeira do nosso pomar e disse uma brincadeira a Zé Auto: "Ela tem o direito de usar." Casei-me com um vestido de linho branco, bordado por mamãe. Meu padrinho de casamento foi Franz Wirtzbik, nosso amigo alemão, caldeireiro, espartaquista, veterano da Primeira Grande Guerra, onde fora ferido na perna.

Casados, e como Zé Auto era funcionário do Banco do Brasil e fora nomeado para a agência de Itabuna, seguimos para a Bahia.

Eu nunca tinha ouvido falar em Itabuna. Ilhéus já conhecia através de Jorge Amado e outros baianos, mas Itabuna, não. Desembarcamos em Salvador, onde estivemos hospedados na casa de tio Agesislau Auto, um homem muito interessante, de inteligência viva, irmão do dr. Júlio Auto, meu sogro. O tio nos mostrou muito carinho, gostou muito de mim. De Salvador tomamos um naviozinho da Bahiana para Ilhéus, onde fomos recebidos por Jorge Amado, que, tendo nascido por aquelas bandas, se sentia responsável pelo nosso destino lá. Quero ressaltar aqui que não só Jorge, como o pai dele, seu João Amado, a mãe, d. Eulália, portaram-se conosco de maneira absolutamente paternal. Aliviaram-me muito das dificuldades na Bahia, mostraram-se muito cordiais e solícitos, jamais vou me esquecer disso. Jorge estava lá, não sei se de férias, creio que ele era estudante de direito nesse período. Em Ilhéus, fomos para a casa deles, uma mansão. Seu João Amado tinha tirado quinhentos contos na loteria e mandou construir um bangalô luxuoso, mobiliado pela Casa Leandro Martins, do Rio, na época o máximo em matéria de decoração: móveis muito bonitos, preciosos mesmo. Parece que dona Eulália não tinha muito interesse no luxo da casa. No fundo, talvez eles não gostassem daquele ambiente. Eram pessoas criadas no interior, diziam que estavam apenas acampados no bangalô e não davam muita importância àquilo tudo.

De Ilhéus, fomos de trem para Itabuna. Lá alugamos um sobradinho que ficava perto do rio. Eu já sofria então enjoos horríveis; fui ao médico e ele me disse que eu devia estar grávida. Nesse tempo não havia exames de gravidez. Tinha menos de dois meses de casada, mas não se podia pensar em antecipações, porque Zé Auto, até o casamento, nunca tinha chegado perto de mim, senão com um simples abraço para dar adeus, e chegou ao Ceará três dias antes de nos casarmos.

Fomos, pois, para Itabuna, eu com meus antojos pavorosos, naquele sobradinho. No começo não me lembro de quem ficou comigo, talvez alguma empregada. De repente chegou Jorge, vinha passar uns dias conosco. Zé Auto saía para o emprego e Jorge ficava tomando conta de mim. Eu, para não morrer de vomitar, tinha que tomar dois remédios: um alcalino e outro ácido. Quando começavam as náuseas, Jorge tirava um frasco de cada bolso — o alcalino no bolso esquerdo, o ácido no direito — e me dava uma colher de cada, alternadamente. Para completar, fui atacada de impaludismo e, realmente, quase morri. Mas não deixei que me dessem o tratamento de quinino — o único então usado — porque era abortivo e eu não queria perder a criança.

Então apareceu na minha vida uma das pessoas que me marcaram de modo profundo, pessoa que foi para mim extraordinariamente boa, generosa e maternal. Era uma negra alta, forte, talvez sexagenária: Carmelita. Fora dona de uma pensão de mulheres e, parece, também ela própria fora rapariga, como diziam por lá, e tinha haveres. Trouxe consigo um imenso baú, que instalou num quartinho térreo do sobrado.

Quando eu caía desmaiada com os antojos, Carmelita me pegava no colo, me molhava as têmporas com vinagre, me dava chazinho. Eu fizera vinte e dois anos em novembro e isso se passou em janeiro — final de janeiro de 1933.

Nesse tempo o Banco do Brasil funcionava num regime de verdadeira tirania. Os funcionários entravam de manhã cedo, saíam no fim da tarde e, frequentemente, à noite, faziam serão. Zé Auto, embora fosse bom e afetuoso, não era uma pessoa solícita. Então eu me sentia num desamparo total (Jorge já fora embora).

Com Carmelita foi que melhorei. Ela parecia que me considerava uma espécie de filha, me amava. E nem recebia um grande salário, mesmo porque ordenado de bancário não era lá essas coisas. Nossos móveis eram muito precários, e tudo o mais, de uma grande modéstia.

Aconteceu certo dia de Zé Auto convidar alguém de cerimônia para jantar. Ele gostava de trazer pessoas em casa sem avisar — acostumado com a casa dos pais, muito grande, uma mesa muito farta, podia-se chegar com convidados, a qualquer hora, sem problemas. Nessa noite, ele trouxe um chefe do banco para jantar — felizmente, dessa vez me avisou pela manhã. Nós, como já contei, tínhamos apenas umas coisas improvisadas, poucos talheres, pouca louça, copos ordinários etc. Foi então que Carmelita falou: "Não faz mal, não." Abriu o tal baú e lá havia aparelho de porcelana, talheres bons, copos finos, até toalha adamascada; parecia negócio de fada madrinha ou mágica. E ela, que cozinhava maravilhosamente, deixou a visita encantada, não só com a nossa cozinha como também com os nossos trastes domésticos.

Os acessos de impaludismo se amiudavam, com febre alta. Carmelita cuidava de mim com o maior carinho, mas não se tinha remédio nenhum para malária: só o quinino. Já existia a atebrina, mas dizia-se que deixava as pessoas verdes para o resto da vida. Eu ia aguentando como podia. De vez em quando me vinha um frio terrível, que me fazia bater os dentes. Zé Auto até escreveu um poema inspirado nas minhas crises de frio, dizendo num dos versos:

"Me dá lã pra comer,
Que o meu frio é por dentro."

Nesses meados de 1933, andava por lá também Cildo Meireles, nosso amigo — irmão do famoso indianista Chico Meireles (aliás, ambos eram indianistas); ele fazia contato com os índios daquela região, perto do rio Paraguaçu. Um dia Cildo me aparece lá em casa, trazendo para ficar conosco uns tempos um indiozinho a quem chamavam Zé Tabitê. Devia ter uns sete para oito anos, era inteligentíssimo e muito cheio de truques.

Odiava Carmelita, que tomava conta dele com extrema solicitude, dava-lhe comida, banho, vestia, mas também passava pito. E ele, que aprendia tudo, sabia o nome de todo mundo, se recusava a dizer o nome de Carmelita. Só a chamava de "ela". Criou-se em torno dele todo um folclore, seus ditos, suas danações, porque o menino não obedecia a ninguém. Embora detestasse Carmelita, gostava muito de Zé Auto e de mim. E como eu estava doente e Zé Auto era a pessoa menos autoritária dessa vida, menos interferente e se omitindo em tudo, Tabitê vivia à solta conosco; mas com Carmelita, não. Comigo ele era muito bonzinho: lembro que uma vez caí na escada, desmaiei e ele ficou segurando minha cabeça "para eu não bater com ela no degrau".

Quando fomos embora, Tabitê ficou com a Carmelita esperando Cildo aparecer por lá. E eu nunca mais soube o que foi feito, depois, de Zé Tabitê.

Em Itabuna conheci também Lena Weber, uma moça judia suíça (uns irmãos seus tinham loja na cidade), que ficou minha amiga e me ajudou muito. E me revelou alguns aspectos da vida europeia que eu ignorava: ela era liberada sexualmente, tivera seus amores com vários rapazes; apaixonou-se então por um médico da Bahia e com ele teve um caso muito sério. Eu ficava assombrada com aquela liberdade porque, não só lá em casa, na minha família, como também dentro do Partido, dentro dos grupos de comunistas, havia um moralismo muito severo: confundir "questão social com questão sexual", como diziam eles, era pessimamente visto. O PC e seus simpatizantes funcionavam como uma seita puritana, onde não havia nenhuma liberdade sexual entre moças e rapazes.

Lena lia muito, falava de assuntos e autores ignorados por todos os nossos conhecidos dali. Ela estava aprendendo português e lembro que descobriu a palavra "jurubeba", que achava linda. E deu para chamar de jurubeba o meu nenê que ia nascer.

Aproximando-se o tempo do parto, no meu sétimo mês, Zé Auto pediu permissão ao banco para me levar ao Ceará; mas, como a licença demorava a chegar, papai resolveu mandar Roberto me buscar em Ilhéus. Eu não tinha realmente condições de viajar sozinha: teria que ir de Itabuna a Ilhéus de trem, e de Ilhéus à Bahia (lá todos chamam Salvador assim) num naviozinho da Companhia Bahiana de Navegação, e da Bahia a Fortaleza num navio grande. (Zé Auto só conseguiu ir depois. Os regulamentos do Banco do Brasil eram duríssimos e nesse tempo ainda não havia leis trabalhistas.)

Ainda lá, estava eu bordando um vestidinho para você, Isinha, sentada numa espreguiçadeira, quando a lona da cadeira se rasgou e eu caí de mau jeito. Então se rompeu a minha bolsa d'água. Foi um susto enorme. Nesse ínterim chegou Roberto. E, rapidamente, me mandaram para o complicado percurso até Fortaleza.

Na viagem, melhorei. As crises de impaludismo vinham muito mais fracas. E o impaludismo, com febre alta e tremedeira, era o que mais preocupava os meus, estando eu tão pesada. No navio, Roberto dormia no meu camarote, para cuidar de mim, se preciso.

Nesse tempo, viajar de navio era uma festa. Havia sempre muitas moças, muitos rapazes. E as moças morriam de pena de Roberto, tão bonito, tão jovem, "casado" com aquela mulher bem mais velha do que ele. Tanto mais que Roberto era extremamente solícito comigo: me levava para passear no convés, de braço com ele; me acompanhava sempre nas refeições, estava sempre a meu lado.

Certa vez a camareira me disse: "Dona Rachel, as moças comentam muito do seu marido, como ele é bom para a senhora."

"Mas ele não é meu marido, imagine, é meu irmão!"

A mulher então trocou em miúdos o quanto as moças comentavam com pena, um rapaz tão novo, tão bonito, já ser casado, papel queimado etc.

Reuni então as moças, apresentei-lhes Roberto, pedi que elas o levassem para se distrair, fizessem com que ele aproveitasse a viagem.

As meninas organizaram uma espécie de turno: uma ou duas ficavam comigo e as outras curtiam Roberto. Faziam jogos, dançavam — ele, além de bonito, era muito bem-educado, muito espirituoso, um príncipe.

Chegando a Fortaleza, fomos direto para o Pici. Eu não queria ter filho com médico, queria uma parteira. Era toda pudica, não queria homem no meu quarto, nem que fosse médico, durante o parto. Papai, sem me dizer nada, chamou o dr. Leorne Menescal, médico da família, para ficar à disposição, com ele, na sala. Mas quem fez o parto foi d. Júlia, a mesma parteira que fizera o último parto de mamãe.

Fiquei no primeiro quarto da casa do Pici, o que dava para o jardim, e tive a criança na cama de mamãe. O dr. Leorne ficou na sala todo o tempo e só depois que a criança nasceu é que ele entrou para ver se estava tudo em ordem. A criança foi prematura, nasceu muito pequena, diziam que devido à minha queda em Itabuna. Mas eu tinha muito leite, ela mamava bem, tanto que quando viajamos para o Rio, mês e meio depois, ela já estava ótima, num desenvolvimento normal.

A essas alturas, Zé Auto já havia conseguido a transferência para o Rio, depois daquele período de sacrifício. Quando ele veio me pegar para viajarmos, Clotildinha já estava com quase um mês.

11

Lembranças

Das minhas lembranças a mais distante é com Rachel num vão de porta do Pici, me enfiando pela cabeça um vestido de plissado amarelo com fitas no ombro. Pelo retrato que havia e se perdeu, eu deveria ter uns dois a três anos. Sei que, tempos depois, o plissado amarelo ainda existia numa caixa onde mamãe guardava as luvas de pelica branca do seu casamento, um leque de festa e um pedaço de véu preto do luto por minha avó.

Outra lembrança, ainda com Rachel, mas dessa vez também com meu pai e minha mãe, foi num lugar que me disseram, depois, ser, talvez, Maranguape. Era uma casa ampla no meio de árvores, com escadaria e beirais de ferro rendado. Havia uma varanda alta com treliças, uma mesa redonda e, sobre ela, uma travessa grande cheia de frutas pouco familiares, talvez peras e maçãs; mas do que me lembro melhor é do cacho de uvas pendente da borda da travessa, as uvas se espalhando na madeira escura da mesa.

Mais lembranças: Rachel, grávida, desembarcou da lancha, junto com Roberto, subindo com dificuldade os degraus da ponte metálica. Vinha com um costume largo, cor de salmão, o cabelo partido ao meio em duas tranças enroladas cobrindo as orelhas, estilo camponesa russa. Estava pálida, quase lívida, e não reconheci naquela senhora gorda, tão estranha, a minha irmã — era mais do que irmã, era a minha Teté, o complemento de minha mãe —, cuja volta eu aguardara com tanta ansiedade, achando que tudo ia ser como antes. Ela me abraçou, eu me encolhi. Não podia ser ela — e nessa hora foi a primeira perda que sofri, das muitas que viriam depois.

Agora estava tudo diferente. E quando foi uma noite chamaram d. Júlia, a parteira — o dr. Leorne Menescal ficou de prontidão na sala —, e então nasceu Clotildinha. Mas nem deu tempo de me acostumar: passado um mês elas foram embora, dessa vez para a fria etapa de São Paulo.

Recordações da infância — busca por uma verdade nossa, mas até onde a ela se incorporam os casos ouvidos, as histórias alheias?

Da invasão feita pela polícia lá em casa à procura dos papéis comprometedores de Rachel, no período do comunismo, posso até reconstituir a cena: os homens mexendo nos escaninhos da secretária que foi de nosso bisavô, os rolos de papel encontrados nas gavetas de segredo, os livros confiscados.

Na realidade, porém, não me lembro de nada disso: só de mãe Titó me dizendo, depois, que eu não seguisse o exemplo de Rachel, senão, quando crescesse, iria me acontecer o mesmo e eu "ia ser presa na cadeia". E que, portanto, eu devia ir à missa, rezar, fazer primeira comunhão.

Mãe Titó, minha babá, babá de todos nós — além de babá, nossa governanta, nossa cozinheira, nosso cão de guarda, nosso esquadrão policial e nossa escrava — pelo menos minha e dos meninos —, mãe Titó, que não gostava nem de pretos nem de pobres.

À missa ela me levava, na igreja do Asilo, me ensinava quando ajoelhar, quando bater no peito, quando ficar de mãos postas. Pois a religião de mãe Titó era mais dos gestos, do ritual, do rosário no pescoço e de me botar para ler alto as orações do manual, cujo maior valor era lhe ter sido dado por minha avó Maria Luiza. Primeira comunhão, nunca fiz. Ninguém era contra, mas o ambiente da nossa casa era pouco devoto — somente aquele pequeno quadro de Nossa Senhora do Patrocínio, de papai (hoje sobre a cômoda de Rachel) —, e toda a religião se concentrava no quarto de mãe Titó.

Nesse quarto, além dela, só eu tinha licença para entrar. Meus irmãos também podiam, se o quisessem, mas ninguém estava interessado. Quanto a mamãe, acho que jamais transpôs aquela porta.

Era um quarto grande, sempre trancado à chave, perto da cozinha onde ela reinava. Por dentro parecia mais uma cubata, pois até o janelão que dava para o pomar também vivia fechado. E havia: duas malas, daquelas antigas, de tabuleiro; um baú grande de cedro; duas mesas, cada uma com um oratório cheio de santos; um genuflexório e a rede branca, sempre armada.

Nas paredes, mais quadros de santos, misturados com nossos retratos e os da família dela, isto é, do irmão, sargento da Marinha, Sebastião, de quem, por tabela, ela recebia o reflexo de autoridade e poder. Nas gavetas das mesas, livros de orações, rosários, receitas, botões, sementes, velhas palmas de Domingos de Ramos. Sim, e faltou falar na máquina de costura, pois ela costurava os próprios (e horrendos) vestidos, além de roupas para os filhos dos moradores do sítio. Atrás das malas se amontoavam latas cheias de papéis, cuias pintadas que trouxera da celebrada viagem ao Pará, e também cuias sem pintura do pé de coité que havia no quintal e mais as ferramentas que ela não emprestava a ninguém, "que esse povo rouba tudo": martelo, facão, formão, pregos, sola, parafusos.

Apesar disso, o que mais surpreendia é que o quarto de mãe Titó cheirava como um jardim. Era que, dentro das malas, do baú, das cuias e aos pés dos santos, havia sempre ramos de manjericão e resedá, pétalas de rosa ou as próprias rosas e, geralmente, frutas maduras e especiais, guardadas só para nós, "as crianças", como ela sempre nos chamou, até morrer.

De meses em meses, mais por curiosidade, eu me metia a fazer limpeza e arrumação naquele quarto. Abria a janela, tirava caixas cheias de quinquilharias, mandava jogar fora, no quintal; mas logo que eu saía para a escola ela ia lá embaixo, trazia tudo de volta e trancava no quarto outra vez.

Mãe Titó — Antônia Pereira Lima. Quantas vezes escrevi esse nome, assinando os bilhetes exigentes e malcriados para os infelizes inquilinos das três casinhas que ela chegou a possuir. Era uma guerra eterna, ela contra os inquilinos; cobrava aluguel baixo para ter o direito de ser arbitrária e prepotente com aqueles que viviam em sua propriedade.

Antônia entrou para nossa casa com dezoito anos, quando Roberto era pequenino. Ao que sei, era magra, esquisita e, segundo mamãe, aparentando risco de ficar tuberculosa. Já a conheci gorda, imperiosa, cozinhando divinamente e absolutamente incansável.

Roberto foi sempre o seu filho mais querido, igual a ele só o Menino Jesus. (Uma das coisas que mais a deixou indignada foi uma cabocla do Junco ter a ousadia de batizar o filho com o nome de Roberto. Só chamava o menino de José e passou a tratar mal a mulher.) Mamãe, ela achava a moça mais bonita da Terra, não existia beleza maior, mas continuava sendo só uma moça que tivera aqueles filhos para ela, Antônia, criar. E, ao entrar para nossa casa, nunca perdoou a Rachel o fato de já ser grande — quase três anos — e ter tido outra babá. E vivia fazendo comparações, pois Roberto era louro e lindo desde que nasceu.

12

São Paulo e os trotskistas

Eu já havia rompido com o Partido quando chegamos ao Rio de Janeiro. Conseguimos alugar uma casa na rua do Curvelo, onde havia morado Manuel Bandeira (foi lá que ele escreveu as famosas crônicas sobre a "trinca do Curvelo"). Embaixo morava Zoia, também simpatizante do Partido, amiga de Nise e Mário. Foi para essa nossa casa de Santa Teresa que Jorge Amado raptou a sua primeira mulher, Matilde (então com dezesseis anos) e a "depositou" conosco. Casaram-se. Nós, o Santa Rosa, Echenique e todo o demais grupo aqui do Rio apadrinhamos o casamento.

Passamos só uns dois ou três meses no Rio e fomos para São Paulo (a transferência de Zé Auto para o Rio não se confirmara e o mandaram para São Paulo). Quando ainda em Pernambuco, ele tinha lá amigos ligados aos trotskistas. Então, em São Paulo, através desses contatos, entramos em ligação direta com Lívio Xavier, Mário Pedrosa, Aristides Lobo e outros. Aliás, alugamos um apartamento pegado ao de Lívio, na rua do Carmo. Eu levara comigo uma carta de Hyder, já noivo da prima de Lívio, Sarah.

Data dessa época a minha amizade com a família Xavier, que vem se prolongando através dos anos e continua até hoje. Os Xavier são também do Ceará, de Granja. Lívio herdara o nome do poeta Lívio Barreto, seu tio, e um dos membros mais atuantes da célebre "padaria espiritual" de Fortaleza.

Esse período em São Paulo foi o melhor do meu trotskismo. Era esse grupo de trotskistas a fina flor do movimento. A desgraça era que só tínhamos teóricos e não tínhamos massa. Compunham a "célula" Lívio Xavier, Mário Pedrosa, Aristides Lobo, Plínio Melo e Arnaldo Pedroso Horta, irmão do que mais tarde foi ministro de Jânio, Oscar. Era Arnaldo um excelente desenhista, e ainda guardo uns bicos de pena que ele me deu. No apartamento de Lívio era onde fazíamos as reuniões.

Como trabalho, nos ocupávamos em traduzir as memórias de Trotski para uma editora chamada Atena, cujo dono era um *soi-disant* trotskista, um italiano, Salvador Pintaude. Salvador botava a gente para trabalhar e nos pagava a preço vil, porque dizia que estávamos fazendo trabalho ideológico. Mário Pedrosa e Lívio, que se correspondiam com Trotski, conseguiram obter, gratuitamente, os direitos autorais de toda a sua obra. Traduziram as memórias. Eu e uns outros mais, a arraia-miúda, traduzimos as coisas menores. As traduções eram do francês e do inglês, porque o russo ninguém sabia.

Deu-se nesse tempo um episódio muito engraçado. Mário Pedrosa era paraibano, conhecia muito bem Zé Lins do Rego. E teve notícias de que Zé Lins, que era fiscal do imposto de consumo, em Maceió, tinha virado integralista. Então escrevemos — eu e Mário — uma carta altamente injuriosa para Zé Lins, expulsando-o da nossa amizade, do nosso conhecimento e até do gênero humano, já que ele tinha se bandeado para os fascistas. Zé Lins então nos respondeu com uma carta muito divertida, contando que só de bobo tinha entrado naquele negócio, porque pensou que fosse apenas uma questão de nacionalismo; e perguntava como é que ele iria fazer para sair daquilo. Mário respondeu que integralista era como mulher perdida — depois que caía na vida, não limpava o nome nunca mais. Assim mesmo nós o mandamos escrever aos "chefes", dando parte da sua renúncia, o que ele fez, obedientemente.

Para nós, lá em São Paulo, era tempo de repressão forte. Chegáramos à cidade em 1933, logo depois da perda da revolução de 1932. São Paulo, derrotado, estava amarguradíssimo: Getúlio mandara para lá tropas do Nordeste, a fim de ocupar e "humilhar" o grande estado, e nomeara Miguel Costa interventor. Miguel Costa não era oficial de carreira, vinha do tempo de Prestes, da Coluna Prestes, onde lhe atribuíram o posto de general.

Ao contrário do que a gente receava, os grupos paulistas com que tivemos contato nos receberam com o maior carinho; e, em São Paulo, me senti muito feliz. Ensinava, dava aulas particulares à noite, no Sindicato de Professores de Ensino Livre, e traduzia para a Atena Editora. Tinha a minha filhinha e tomava conta dela o tempo todo.

Aquele nosso sindicato, o curioso dele é que o seu presidente era neto da marquesa de Santos. Depois do caso com d. Pedro, a marquesa se casara com um herói da revolução de Itu, o brigadeiro Rafael Tobias de Aguiar. E, assim, foi ela uma das musas da revolução de Itu, em 1845. O seu neto era um sujeito gigantesco, gordo, barulhento, que se orgulhava muitíssimo dos dois avós ilustres.

Nós tomávamos o nosso chope no Bar Franciscano, esquina da avenida São João. Parece que esse bar ainda existe. À volta, sob as garoas noturnas (nesse tempo tinha garoa em São Paulo, dizem que agora acabou por causa da poluição), vínhamos todos enroladinhos nos nossos capotes, todos salvando o mundo.

E era no apartamento de Lívio, pegado ao meu, o quartel-general dos trotskistas. Um dia bateu cana lá. E veio um inspetor de polícia à nossa procura, creio que se chamava Waldemar. Dizia-se nesse tempo não DOI-Codi, mas só "polícia". A repressão ideológica cabia à Delegacia da Ordem Política e Social. O tal Waldemar veio para nos prender porque éramos comunistas etc. Logo Lívio foi buscar alguns números do *A Classe Operária*, que era o órgão oficial do PC, um jornalzinho clandestino, mimeografado, onde se proclamavam as nossas expulsões e onde éramos tratados como social-fascistas, policiais e outros insultos. O inspetor ficou muito impressionado e foi embora. Três meses depois ele voltou. E, de novo, Lívio disse: "Mas, puxa, outra vez? Já não expliquei para o senhor que somos inimigos dos comunistas, que eles nos denunciam?"

O inspetor retrucou: "Acontece que eu tive contato com outros comunistas e fiquei sabendo da verdade. Me explicaram que vocês são muito piores do que eles, porque eles só querem fazer uma revolução única, e vocês querem fazer revolução todo o tempo, com esse negócio de 'revolução permanente'!"

Levou todo mundo em cana. Mas nesse tempo a polícia era mais boazinha. Como eu tinha uma filhinha pequena, que ainda mamava, eles me deixaram em casa. Deixaram também Lívio, porque era deficiente físico; mas os outros levaram: Zé Auto, Mário Pedrosa, Aristides Lobo, Mário Xavier e muitos mais foram presos, só sendo soltos quase um mês depois.

No final de 1934 prenderam Zé Auto, outra vez, por mais de quinze dias, embora ele não fosse militante da nossa fração da "Quarta Internacional". Voltou muito amargo e revoltado, não quis mais ficar em São Paulo, pediu transferência para o Ceará. Lá, por ordens do "pessoal", eu deveria me candidatar a deputada pelo Partido Socialista, nosso aliado.

13

Tonga-seeds

Ao desembarcarmos em Fortaleza, mamãe pegou logo Clotildinha. Era a primeira vez que alguém me dava ajuda, e eu estava com vinte e quatro horas de avião, a menina no colo. Aliás, fazia um ano e meio que eu vivia em São Paulo, sem contar com auxílio de ninguém.

Comecei a campanha fazendo comícios. Fiz comícios violentíssimos, e junto comigo ia Jáder de Carvalho, sendo ele stalinista e eu, trotskista. Pertencíamos ambos à Frente Única do Partido Socialista. Foi muito divertida essa campanha no Ceará. Soube-se depois que eu tivera uma votação muito boa, mas todos nós fomos *degolados* porque a apuração dos votos era feita pelos próprios órgãos do Legislativo, dominados por Getúlio. Fomos, pois, repito, *degolados.*

Nisso Zé Auto foi transferido para Maceió. Ele, Clotildinha e eu deixamos o Ceará.

A literatura, em Maceió, iniciava um período áureo. Lá funcionavam permanentemente os cafés literários, e éramos todos muito unidos: Graciliano, Jorge de Lima (que logo veio para o Rio), Zé Lins do Rego, eu, Zé Auto, Santa Rosa, Valdemar Cavalcanti, Aurélio Buarque de Holanda, Alberto Passos Guimarães. Era realmente um grupo do qual todo mundo, depois, se projetou. Nesse tempo só éramos conhecidos José Lins, Graciliano e eu, que tínhamos publicado livros. Os outros ainda estavam prometendo e se realizaram mais tarde. Aluísio Branco, Manuel Diegues Júnior, Raul Lima, um dos mais novos. Éramos chamados a turma de Maceió. Depois nos dispersamos.

E eis que uma febre alta, seguida de meningite, em vinte e quatro dias roubou minha filhinha, em fevereiro de 1935. Três meses depois morreu meu irmão Flávio, de quem o nosso Flávio atual herdou o nome. Flávio morreu de uma septicemia causada por uma espinha no rosto. Mamãe, arrasada, eu, profundamente desolada, conseguimos de Zé Auto transferir-se para o Ceará e fomos morar no Pici. Ficamos uns tempos lá, depois alugamos casa em Fortaleza.

Foi então que um dia resolvi tomar uma decisão radical. Eu estava enjoada da minha vida, enjoada de tudo. O casamento não ia bem. Resolvi trabalhar no comércio. Procurei emprego na firma G. Gradhvol et Fils, uma firma de judeus, onde me encarreguei da correspondência em francês e inglês.

Entrei lá no começo de 1936, fiz carreira rápida, em 1938 eu já era gerente, porque o dono do cargo fora transferido para abrir uma sucursal no Rio. Fiquei no lugar dele. Fazia embarques de, às vezes, um milhão de dólares, e sozinha. Eu adorava. A firma exportava peles, mamona, algodão e uma semente a que chamavam *tonga-seeds*, a semente do nosso conhecido cumaru, que servia como base para perfumes. Exportava-se muito. Hoje acho que isso saiu da pauta. Vendia-se para a Alemanha em marcos, para a França em francos. Para os Estados

Unidos vendia-se muito pouco. As conversões eram mais em marcos e em libras. Mas, em geral, quando o navio recebia a carga, fazia-se a conversão total do embarque em dólares, com o Banco do Brasil. E creio que essas contas em marcos eram todas bastante subfaturadas.

Os Gradhvol eram pessoas muito estimáveis. O sr. Roberto era um patrão excelente, ficou meu grande amigo, e a firma G. Gradhvol et Fils era uma casa rica, uma grande exportadora. Quando, em 1939, veio a guerra (eu já estava morando aqui no Rio) e os alemães entraram em Paris, onde ficava a sede da firma, o que se soube foi que todos os Gradhvol que moravam em Paris desapareceram da face da Terra, levados pelo furacão nazista. O capital deles estava todo na França, a representação do Ceará era muito pequena e a casa acabou falindo.

Mas quando deixei o Ceará, em julho de 1939, a casa ainda estava muito bem. Eu é que tinha compreendido que não podia continuar ali, que o comércio não era mesmo a minha carreira. E estava ganhando a mesma coisa que o governador do estado! Ganhava três contos de réis, um salário maravilhoso para aquele tempo. Mas já estava certa de que o meu casamento chegara ao fim, e não queria fazer o processo de separação lá no Ceará, por causa da família. E, além disso, havia parentes de Zé Auto morando em Fortaleza, um irmão dele de quem eu era muito amiga. Seria tudo muito penoso.

Vim aqui para o Rio de Janeiro e em pouco a separação estava consumada e nos desquitamos.

E então conheci Oyama.

14

Sobrado

Falei que Rachel era novidadeira. É, sempre foi. Toda a vida fez coisas diferentes do que se esperava, diferentes do que os outros fazem, sem aceitar conselho e sem ligar para a opinião de ninguém. No caso do Sobradão, por exemplo. Numa das vezes em que Rachel foi morar no Ceará e não podendo ficar no Pici por ser longe do seu trabalho, em vez de alugar uma casa, como qualquer pessoa faria, não: alugou um salão enorme nos altos de um armazém, que batizou de "Sobradão" um vão único sem paredes divisórias e apenas com um banheiro separado. Havia também uma pequena cozinha. Na parte da frente, perto das janelas que davam para a rua, montou a sala — cadeiras, sofá, mesa (onde escrevia, dava aulas e fazia as refeições). Era lá também onde se abria o vão da escada. No meio, separado por um biombo de várias folhas, fez o quarto de dormir. O biombo, também feito por ela, era de pano azul, encaixado numa armação de madeira branca. No pano, em aplicações de feltro preto, a história de dom Quixote — os moinhos de vento, Sancho, dom Quixote a cavalo, de lança em riste, tudo na maior perfeição. Perto da janela dos *fundos, outro biombo, mais modesto, e, em seguida, a cozinha. Lavagem e passagem de roupa devia ser no Pici, pois me lembro de mamãe mandar levar embrulhos e grandes cestos com frutas e verduras.*

Nesse tempo Rachel estava preparando dois rapazes para o concurso do Banco do Brasil. Para as aulas de inglês pintou, em aquarela, cartazes com figuras — homem, mulher, criança, pé, mão, ave, essas coisas —, um método inventado por ela e ainda não usado por lá, na época.

Sempre vigiada pela polícia, quando escrevia para mamãe — que se encontrava em temporada no sertão — costumava anotar antes da data, no alto da página, o nome Sobradão. Essas cartas eram interceptadas e lidas pelos policiais que achavam ser a carta portadora de informações num código secreto e que "Sobradão" era, por certo, algum companheiro na clandestinidade.

Depois Rachel foi presa e ficou no quartel do Corpo de Bombeiros. A princípio, presa incomunicável, mas logo, por intervenção de amigos de papai, com permissão de nos receber, aos domingos. Não tardou, ela e nós estávamos íntimos da família do comandante, o que transformava essas visitas numa informal e alegre reunião social. Ficamos amigas, eu e Aíla, filha do comandante, que me levava para brincar no pátio interno, onde fiquei conhecendo, nos pormenores, os belos e aparatosos carros vermelhos e todas as instalações do quartel.

Na verdade, as prisões de Rachel e as confusões políticas em que se envolvia nunca foram levadas ao trágico por papai e mamãe. E ela foi presa três ou quatro vezes, e numa dessas prisões recambiada para o Ceará, com carta de prego, sob a responsabilidade de nosso tio Eusébio, que morava no Rio. Creio que foi nessa dita viagem que ela conheceu Zé Auto, com quem, depois, se casou.

15

Definições políticas

Os moços de hoje às vezes me perguntam se esse movimento comuno-trotskista, de que participei, era apenas restrito a um pequeno grupo de intelectuais, ou se, na verdade, empolgou a mocidade da época.

Antes de responder, é preciso lembrar que a década de 1920, no Brasil, foi uma década política: nela começou entre nós a agitação social. Os grupos eram pequenos e a repressão, forte. Havia abertamente o grupo de Joaquim Pimenta, no Recife, de Moacir Caminha, no Ceará — todos socialistas. Mas o PC precisava agir em total clandestinidade. O comunismo ainda era amaldiçoado; no Ceará, por exemplo, mostrava-se muito forte a repressão dos padres da Liga Eleitoral Católica, a LEC, e a do jornal católico O Nordeste. Ser comunista, então, era uma coisa tão perigosa quanto ser terrorista hoje.

Mas as organizações paralelas iam se formando, apesar de tudo. O Bloco Operário e Camponês que, de início, invadira todo o Brasil, fora esmagado brutalmente. Ainda ficaram, porém, remanescentes, que depois se reuniram ao PC.

Quando nele entrei, o Partido mal completara dez anos de vida no Brasil. E já havia uma rede de comunistas pelo país inteiro: onde a gente chegava, encontrava amigos. Os mais ruidosos eram os simpatizantes, os que não tinham compromisso ideológico firmado. Aliás, nessa época, entrar para o Partido não era fácil. Os simpatizantes ficavam muito tempo em período de provação. Era mister dar provas durante anos, principalmente no que se referia à submissão ideológica ao stalinismo. Pois essa foi a fase mais temível do stalinismo, logo depois da morte de Lênin. Quando me tornei trotskista, Trotski já fora, havia três anos, expulso da Rússia. E o PC brasileiro de então já estava bem-organizado. Talvez a rede não fosse imensa, mas era estendida, ocupava todo o país. E uma vez que no sistema de 1930, tempo de ilegalidade, ninguém podia ir abertamente se manifestar na rua, aproveitavam-se, então, os movimentos liberais, como, por exemplo, a revolução de São Paulo em 1932. A primeira vez em que o comunismo mostrou a cara na rua foi em 1935; mas, antes disso, descoberto qualquer movimento ilegal, a repressão era implacável. Talvez por isso mesmo nós víssemos na revolução um certo colorido romântico, o apelo, a fascinação do proibido. Na verdade, éramos os revolucionários mais ingênuos do mundo.

Estávamos dispostos a morrer, a matar, a aceitar todas as submissões. Quanto mais o Partido exigia, mais a gente se submetia, mais se entregava. Tempos depois, o que nos encantou, a mim e a Zé Auto, quando tivemos contato com os trotskistas, foi a sua liberdade de espírito, de pensar, de dizer as coisas.

É certo que havia então, na mocidade mais lida, mais intelectualizada, um sentimento, quase uma obrigação, de pertencer a algum movimento político: ser comunista, ou ser contra o comunismo, enfim, o engajamento numa ideologia. Hoje, as preocupações dos jovens parece que não são tão estritamente políticas. Eles já não são maioria no desprezo ao sistema político vigente no Brasil, dignam-se a discutir candidatos, e de certa forma assumiram o seu país e os problemas de todos como cidadãos. Parece que é essa a palavra-chave: cidadão. E ser cidadão não inclui apenas a divisão política de esquerda-direita-centro, mas de fruir a cidadania, preparar-se, disputar trabalho, crescer nos estudos para assumir posição de prestígio, maior ou menor, casar, ter família, residência própria e, acima de tudo, carreira própria. E os movimentos estudantis parece que não têm a mesma extensão e força dos tempos de dantes. Ou será o meu ponto de vista que mudou? Parafraseando o poeta, mudaram os estudantes ou mudei eu?

Até poucos anos atrás, quando meus netos saíam da adolescência, a geração deles se sentia quase na obrigação de ser de esquerda ou não ser de esquerda: o necessário era engajar-se numa ideologia. Sendo que os não esquerdistas eram extremamente patrulhados.

Naquele meu tempo, ou você era comunista ou era integralista, ou fascista puro. O liberal quase não tinha vez: era execrado por todos. O simples fato de alguém ser liberal já fazia com que fosse considerado reacionário.

Liberal era uma palavra maldita: pelos comunistas e pelos integralistas. Entre os jovens, praticamente não havia o liberal. No meu tempo a expressão "patrulhar" ainda não existia. Mas a atitude existia. Gramaticalmente não havia o verbo, mas ele existia de fato.

Paralelo ao grupo comunista, havia o grupo integralista, cada qual mais radical. Dom Helder, por exemplo, era integralista. Zé Lins também, por uns tempos. Adonias Filho foi outro, mas brigou com eles antes do movimento de 1938. Seu período de integralismo foi muito curto.

Na província principalmente, os jovens que entravam para o integralismo eram atraídos pelo sentimento nacionalista, contra o colonialismo americano, inglês, europeu etc. Depois da Segunda Guerra é que as definições se tornaram mais limpas, mais nítidas: o fascismo deixou de ser uma solução ou uma fascinação e passou a ser universalmente execrado, sob a sua forma mais terrível, o nazismo.

Recordo que eu, por exemplo, embora ainda muito nova, era tão politizada que no dia em que Hitler tomou o poder — quando recebeu a posição de chanceler do Reich das mãos do velho marechal Hindenburg — passei a noite acordada, ouvindo (em francês) a cerimônia pelo rádio, e chorando.

16

O sítio

Quando papai comprou o Pici — o nosso sítio, perto de Fortaleza —, lá se encontrou a velha casa do antigo proprietário, o padre Ferreira da Cunha. Desse padre se contava uma história esquisita: ele era dono de um colégio para meninos e parece que cometera certas iniquidades com o filho de um poderoso coronel do sertão. Certa manhã alguém bateu à porta do padre e, quando ele atendeu, apareceu um sujeito com uma navalha na mão e lhe decepou uma orelha. Era castigo do coronel, por lhe ter pervertido o filho.

Quando compramos o sítio, já ele não pertencia mais ao padre, mas a um novo proprietário, José Guedes. Tinha açude, pomar, baixio de cana, num vale fresco e ventilado, para os lados da lagoa de Parangaba. Só que nesse tempo se dizia Porangaba, tal como fala José de Alencar em *Iracema*.

E começou então, para nós, um período muito feliz. Nós éramos seis filhos — dois rapazes (um deles, nosso tio, mais irmão do que tio), dois meninos e a caçula, que começava a engatinhar. E eu. O transporte era o trem suburbano que parava defronte ao asilo de alienados e nos levava para a cidade. Eu me iniciava timidamente, frequentando a roda dos literatos de Fortaleza, roda liderada pelo nosso amado guru, Antônio Sales. Na redação do *Ceará* eu conhecera Demócrito Rocha, que me dava muita confiança literária; fundador, depois, do jornal *O Povo*, de Fortaleza, agora dirigido por seu neto, também Demócrito, e que continuo a considerar o meu jornal e para o qual ainda escrevo até o dia de hoje.

Bem, voltando ao sítio: morro agora de remorsos por ter incentivado a derrubada da casa velha. Era um casarão de taipa, talvez mais que centenário, feio e mal-amanhado, o chão interno em diversos planos, cheio de camarinhas e cafuas. É verdade que queríamos apenas reformá-la, mas quando se foi mexer, a casa praticamente ruiu: no que se iam derrubando paredes, abrindo portas, a velha estrutura ia desmoronando toda e, por fim, o jeito era arrasar tudo e fazer casa nova. Mereço desculpas, tinha só dezesseis anos, não dava valor a essas obras antigas. Meu pai, sei que lhe doeu a demolição; mas afinal a casa desabou mesmo e não tinha sido erguida nem morada por gente dele, argumento forte.

Fizemos então a nova casa, enorme, um vaticano, salas largas, rodeada de alpendres, como nós gostávamos. Foi lá que escrevi *O Quinze*. Muito perseguida, pois minha mãe me obrigava a dormir cedo — "essa menina acaba tísica!" —; quando todos se recolhiam, eu me deitava de bruços no soalho da sala, junto ao farol de querosene que dormia aceso (ainda não chegara lá a eletricidade), e assim, em cadernos de colegial, a lápis, escrevi o livrinho todo.

Nas grandes mangueiras do pomar eu armava a minha rede e passava as tardes lendo. De noite, formávamos uma pequena orquestra com o nosso professor de violão, seu Litrê, puxando no banjo. Nas noites de lua, altas horas, vinham uns moços de Porangaba e faziam serenata, cantando *Mi noche triste*. Porque nesse tempo o chique era o tango.

Mas depois fomos nos dispersando. Os rapazes se formaram, morreu Flávio aos dezoito anos, e desceu uma sombra escura sobre o Pici. Veio a guerra, já então eu andava por longe. Os americanos estabeleceram uma base lá perto e os *blimps*, os pequenos dirigíveis prateados, pousavam quase em cima da nossa casa. Enquanto isso, a cidade crescia, ia cercando o sítio com seus exércitos de casinhas populares. Meu pai morreu. Morreu outro irmão, Luciano.

Minha mãe ainda tentou ficar no Pici, mas o cerco urbano continuava, o terreno invadido pela vizinhança, de certa forma até ameaçando a segurança da casa. Antônia resolveu então, toda boca da noite, mandar um caboclo dar vários tiros para o alto, querendo assustar os ladrões.

Acabou mamãe tendo mesmo que vender o sítio. E vieram, ela e Maria Luiza, morar no Rio. Era em 1952. Em fevereiro de 1954 mamãe morreu, sem voltar lá, como desejava.

Pelo que sabemos, o sítio foi loteado e já passou por várias mãos. Nunca mais fui lá. Dói demais. Eu ainda escuto no coração as passadas de meu pai nos ladrilhos do alpendre, o sorriso de mamãe abrindo a janela do meu quarto, manhã cedo: "Acorda, literata! Olha que sol lindo!"

O Pici, como já disse, representou um período muito bom na nossa vida. E mesmo quando Zé Auto e eu fomos morar em Fortaleza, estávamos no Pici a toda hora e a todo fim de semana. Mamãe adorava o seu pomar, as suas plantas, a casa aberta para os filhos. Mas tudo ficou amargurado de 1935 em diante, pela morte de Flávio. Mamãe custou muito a se recuperar desse golpe, e, talvez, nunca se tenha recuperado. Maria Luiza teve uma infância muito sombria — quando Flávio morreu ela tinha oito anos. Mamãe não saía, não tinha alegria, era como se vivesse num vácuo. A infância de Isinha foi muito obscurecida por essa tragédia.

17

Os doidos. A velha

O Pici, o sítio onde morávamos, ficava a uns quatro quilômetros da avenida João Pessoa, que ligava o bairro de Porangaba ao centro de Fortaleza. No caminho de entrada, à direita, havia a chácara de um casal de velhos, duas filhas solteironas e mais uma sobrinha, apaixonada por meu irmão, Luciano. Do lado esquerdo, formando uma espécie de corredor de entrada, ficava o paredão da igreja e, em continuação a ele, o muro alto do asilo de alienados. Se a gente estivesse a cavalo ou na carroceria de um caminhão, quer dizer, num plano mais alto, com visão sobre o muro do asilo, dava para ver o grande pátio sombreado de mangueiras e cajueiros por onde perambulavam os doidos. Mas esse era um capítulo totalmente vedado para mim. Na minha frente evitavam falar em asilo e em qualquer assunto de doidos: criança não podia saber dessas coisas. Mas eu via e ouvia. Ouvia os gritos por trás do muro — e como eles gritavam! — e os via, aos bandos, quando passavam para enterrar os doidos mortos. Os enterros seguiam pelo mesmo caminho que levava ao Pici, mas na bifurcação de uma curva dobravam à direita, em direção ao cemitério deles. Cansei de ver enterros e nunca era um defunto só: sempre de dois, três ou mais. Vinham em redes carre-

gadas pelos outros doidos, dizia-se que os melhores, os menos perigosos. Mesmo assim, só andavam sob a guarda de feitores, armados com um grande facão, desses de cortar mato. Cada grupo era acompanhado por dois ou três feitores, que só faziam diferença dos outros pela roupa e pelo facão.

Os doidos tinham a cabeça raspada e usavam uma roupa de algodão grosso — camisa de manga curta, decote redondo que desse para passar a cabeça, calça larga, no meio da canela, amarrada à cintura por um barbante. Os feitores, além do facão, traziam também um chiqueirador — o relho longo volteando e estalando, mantendo o grupo na linha. Os doidos, uns riam, aquele riso alvar, sem alegria e sem ser dirigido a ninguém; outros, era o olhar brilhando de curiosidade e cobiça, o olhar furtivo de cachorro quando quer atacar um estranho, mas sente medo do dono.

De vez em quando aparecia lá em casa um dos feitores pedindo licença para tirar folhas de cauaçu na mata: uma planta que cresce em vergônteas linheiras, chegando a três, quatro metros de altura; as folhas são grossas, muito enervadas, quase circulares, tendo as maiores quase dois palmos de diâmetro. Essas folhas eram usadas como pratos para a comida dos doidos. Diziam as irmãs de caridade, administradoras do asilo, que se fossem usar pratos de verdade eles os quebrariam, se feririam e feririam os outros. Assim, vinha quase sempre Mariano apanhar as folhas. Mariano era um ex-doido, agora feitor, considerado curado, mas de quem, por via das dúvidas, mamãe não me deixava chegar perto. Tinha cerca de cinquenta anos, era branco sarará, pintado de sardas cor de ferrugem e vestia sempre um velho paletó preto costurado com linha branca. Enquanto os doidos melhores arrumavam as folhas em feixes, Mariano ficava no alpendre, conversando com papai, que tinha uma paciência infinita com doidos, bêbedos e chatos em geral (qualidade, ou melhor, característica, pois não sei se isso é qualidade, que Rachel herdou sem tirar uma vírgula).

Uma vez Mariano apareceu com a mão enfaixada num curativo sujo, as tiras de pano já manchadas de sangue; ficou ali, contando histórias do asilo, o facão encostado na parede, papai se balançando na rede (o livro aberto sobre o peito, o braço apoiando a cabeça, as pernas cruzadas na rede — parece que o vejo agora).

À indagação de papai, Mariano explicou, displicente: "Ah, isso? Foi um doido que comeu um pedaço do meu dedo."

Outra vez chegou muito revoltado, contando que a irmã Leite se zangara só porque uma doida havia tirado a roupa e ele, vendo aquilo, vestiu nela as calças que usava (sem nada por baixo).

A sua lógica: "O senhor acha, doutor, que eu havia de deixar a mulher daquele jeito, correndo nua no meio dos doidos?"

E papai continuava a se balançar, achando graça e fazendo perguntas.

Num dos recantos mais bonitos do Pici morava a velha Chiquinha Leite, uma figura que, pelo menos para mim, encarnava mistério e medo. Moradora do sítio desde antes de nós, era uma espécie de herança do antigo dono, José Guedes, e acho até que do anterior a ele, um padre a quem faltava uma orelha, cortada, diziam, por um inimigo político (era isso que me contavam).

Chiquinha Leite morava só e era filha ou viúva de um português. Era muito velha, devia andar pelos noventa anos, mas lúcida, esperta e com um gênio terrível. O cabelo, que ainda não era de todo branco e devia ter sido louro, ela o usava num coque alto, preso com pente incrustado de ouro; brincos de argolas, saia comprida até o pé e uma bata sempre de estampado preto e branco. A casa onde morava parecia com ela, era também velha e esquisita, as paredes escondidas pelas trepadeiras e tinhorões, o telhado arriado, chegando quase ao chão. Mas lá ninguém encostava, nem com a boa intenção de consertar, pois ela, com gritos e pragas, afastava qualquer visitante. E todos tinham medo. Mesmo assim, mãe Titó, para provar autoridade, umas duas vezes por ano me levava lá, geralmente na safra dos cajus. Essas visitas, via-se logo, não eram muito bem recebidas por d. Chiquinha, ou por ela ter preconceito de cor e ressentir os modos arrogantes de mãe Titó — que também não era fácil —, ou por considerar uma intromissão em terras que ela talvez achasse serem propriedade sua. O que sei é que o encontro das duas parecia um confronto de bruxas a medirem forças, cada qual mais poderosa.

Apesar de tudo isso, eu tinha fascinação por aquela casa. Enquanto ela e mãe Titó se estranhavam lá fora, eu me arriscava a dar uma olhada pelo interior dos cômodos. Jogados pelos cantos, potes de cerâmica portuguesa, pratos, bules, travessas de porcelana, coisas de fina procedência, mas agora rachadas, cobertas de poeira e teias de aranha. E, quando se chegava perto, de baixo de alguma coisa sempre espirrava um gato. Pois gatos havia muitos e me lembro especialmente de dois, Joia de Ouro e Joia de Prata, que acompanhavam sempre a dona como dois anjos da guarda.

Vez por outra ela ia à nossa casa. Chegava, batia palmas do lado de fora do portão de ferro; precisava alguém ir recebê-la por causa dos cachorros, que faziam o maior estardalhaço, não contra ela, mas contra os gatos, as duas joias que, como de costume, vinham junto. Ela chegava, sentava-se no alpendre e era acolhida com toda a cerimônia por papai ou mamãe. Entregava então o embrulho de castanhas de caju que trazia sempre, como se pagasse o tributo devido pela terra que ocupava. Conversava um pouco, era servida de bolo, doce — o que de melhor houvesse em casa e mais algum dinheiro — e depois, apoiada no cajado, ia-se, majestosa, como tinha chegado.

As castanhas, nem preciso dizer, mãe Titó não me deixava tocar nelas, e as distribuía depois pelos moleques da cozinha.

18

Evandro Pequeno

Ao chegarmos ao Rio, em 1939, fomos morar no edifício Marcelle, na Esplanada do Castelo. Foi lá que me aproximei muito de Evandro — Evandro Moreira Pequeno —, que morava sozinho no terceiro andar.

Eu já o conhecia através dos amigos que se reuniam em casa de Aníbal Machado: Alfredo Lage, Barreto Leite Filho, Echenique etc.

Evandro trabalhava no *Diário de Notícias*, onde também passei a colaborar. A gente vinha à noite, do jornal, a pé. Em geral vínhamos em grupo, às onze horas, onze e meia, íamos tomar uma canja no Café Globo, um café que havia ali na travessa do Ouvidor. Tinha pintadas umas paisagens na parede. Dizia-se que era a melhor canja do Rio.

E depois a gente vinha andando, cada um ia pegando o seu bonde na Galeria Cruzeiro. Mas eu seguia a pé, em geral com Evandro, para os nossos apartamentos no edifício Marcelle. Então, eu já tinha me mudado para o nono andar — naquele tempo em que você foi ao Rio com mamãe e Luciano... Ah, não, foi com Roberto. Luciano veio da outra vez. Evandro mandou buscar a mãe no Ceará. Quando vocês chegaram creio que já estavam aqui as irmãs dele, Emília e Maria. Emília era mais inteligente, a outra era mais velha e mais tímida. Mas todos muito inteligentes. Vieram as três morar com ele: a mãe, que já tinha oitenta e tantos, quase noventa anos, e as duas irmãs. Emília era, aliás, muito boa costureira, costurou para mim bastante tempo. Todos extraordinariamente simpáticos e doidos.

Por exemplo: era inverno, julho, quando a mãe veio. Evandro, então, com medo de a mãe passar frio, arrumou uma cama — não tínhamos aquecimento no edifício, nem ninguém com dinheiro para isso. Evandro então instalou quatro lâmpadas elétricas, poderosas, debaixo da cama da mãe, para aquecê-la. Era uma cama Patente, e a gente ficou testando para ver se não queimava o colchão. E deu certo. Recordo ouvir a velha se gabar de que não sofria com o frio, porque tinha uma cama bem quentinha.

No dia dessa chegada da mãe houve um problema: Evandro, que (muita gente não sabe) era muito bom músico, tocava fagote — e devia tocar muito bem, porque estava alistado na orquestra daquele húngaro, Shengar, que foi o primeiro diretor depois da revivescência da Orquestra Sinfônica do Municipal. Shengar era o maestro, e extremamente exigente, famoso e prestigiado, de forma que não aceitaria um fagotista que não fosse muito bom. Evandro não se gabava de nada. Mas estava ansiosíssimo esperando por seu fagote, que mandara comprar na Europa; afinal recebeu aviso do *Collis Postaux* de que o instrumento vinha a caminho. Era já uma das últimas importações, da Europa, antes da guerra, e já havia muitas restrições. E no dia do desembarque da mãe, vinda do Ceará, recebeu ele o aviso de que fosse buscar a encomenda — o fagote. Ficou o

Evandro na maior agonia, na maior aflição. Ele só podia receber o fagote no *Collis Postaux* indo pessoalmente. Como iria fazer? Receber a mãe ou o fagote? E ficou nesse dilema durante vários dias. Não sei como o resolveu.

Fizemos algumas traduções juntos. Ele era linguista, mas não era escritor, não tinha a frase literária fácil. Então, a gente arranjava traduções, e fizemos várias, que eu assinava junto com ele, ou ele assinava só. Nem me lembro como era. Sei que aquele *O castelo do homem sem alma* fiz com Evandro.

Ele pegava o livro em inglês e começava a ler: "Fulano era assim, assim, assim, os olhos da cor dos olhos de Barreto Leite" (que tinha os olhos amarelos). E eu é que tinha que ir compondo um texto com aquele fraseado pitoresco. Mas Evandro era tão inteligente, tão espirituoso que, embora não tivesse a frase literária para a tradução, tinha o bom humor, o espírito, que facilitavam demais o trabalho. Trabalhamos juntos, formamos uma equipe muito legal, ele e eu. Éramos grandes amigos realmente.

Depois Olga e Etibno, Berenice Xavier, vários dos meus amigos entraram no circuito de Evandro. E com eles convivi na maior amizade, até quando saí do edifício Marcelle e fui morar em Santa Teresa.

De Evandro, recordo sempre uma famosa frase, do tempo em que a guerra na Europa estava arrebenta-não-arrebenta. As agências de notícias eram na Cinelândia, em cima do Bar Amarelinho; entre elas a Havas, onde depois trabalhamos com o nome de Reuters. Nós ficávamos lá embaixo, na calçada, esperando os telegramas. Chamberlain, o primeiro-ministro inglês, tinha ido a Munique, naquele célebre encontro com Hitler, e a gente esperava os resultados. Chamberlain era muito fraco, muito indeciso, muito sem agressividade; e foi para o encontro decisivo com aquela cobra criada, o Hitler. E a gente esperando as notícias. Eram onze horas da noite, nós ao redor de um poste, ou sentados num banco, sempre na Cinelândia, espiando a janela da Havas, no terceiro andar do prédio do Amarelinho. Foi então que de repente Evandro disse: "Eu estou morrendo de sono, estou louco para ir pra casa; mas sei que assim que eu pegar no sono Chamberlain faz uma sujeira!"

Dizia isso na maior seriedade.

Outras vezes, falava no seu tempo da pobreza, quando vivia sem vintém, estudante, no Rio, trabalhando, ganhando migalhas como jornalista. Ele e o seu grupo só iam procurar as moças de "vida leviana" quando não podiam mais. E Evandro dizia: "Eu, por exemplo, só tinha dinheiro para pagar uma tão feia, mas tão feia, que, para me inspirar, precisava olhar para as minhas próprias pernas..."

E ele às vezes dizia: "Me dá o meu Prevot". "Que Prevot?" "O *chapeau*!"

É que houvera um famoso médico chamado Chapot Prevot executor de uma operação inédita no Brasil, separando gêmeas siamesas, Maria e Rosalina.

Teve um tempo em que passou a traduzir tudo em língua estrangeira para o português, nomes de pessoas, principalmente

Chamava William Shakespeare de Guilherme Balança-as-Peras e quem quisesse que adivinhasse de quem se tratava. Ou, acabado o expediente no trabalho, dizia: *"Now I will put me in the eye of the street"*, querendo dizer, claro, que ia pôr-se no olho da rua.

Evandro era poliglota, aprendia facilmente qualquer língua, e foi estudar russo, para ler no original Dostoiévski e os outros grandes, que a gente adorava, Gorki, Tolstói, Gogol, Pushkin...

Deu-se ao luxo de comprar toda uma coleção de autores russos, mandou encadernar em couro — era muito zeloso com os seus livros. E eis que deu "cana" geral na casa de todos nós, em 1938, em pleno Estado Novo.

Evandro vivia metido com os comunistas, mas nunca fora comunista, nunca se interessara por comunismo, contudo estava sempre com eles.

E então deu a polícia também na casa dele e encontraram aquelas coleções de luxo de livros em russo: carregaram tudo. E o levaram preso também. Mas o maior desespero de Evandro não era a prisão, era ter perdido os livros. Parece que ainda passou uns três meses de cadeia, até provar que os livros eram só de literatura clássica, russa, francesa, inglesa...

19

Cartas

Embora a presença física de Rachel pouco apareça em certas fases da nossa vida, sua influência, por mais longe que ela estivesse, era forte e definitiva. Minha mãe, meticulosa como era, tinha o dia certo da semana para lhe escrever e, nessa ocupação, levava a manhã inteira, sob recomendações expressas de não ser incomodada. Eram longas cartas em papel fino, de um lado e outro, na sua letra elegante e firme, contando o que se passava com a família e com ela, suas queixas sobre a vida, suas apreensões sobre nós, sua cobrança quando as respostas de Rachel eram curtas ou evasivas. Deviam ser cartas amargas, talvez difíceis de ler, pois, além da exagerada preocupação com os filhos, mamãe não era uma pessoa alegre; a alegria, se existira antes, na minha infância não existia mais. Rachel, portanto, através dessas cartas, acompanhava tudo o que acontecia conosco. E respondia sempre. Se faltava com a carta alguma semana (recebendo reclamação imediata), dentro de poucos dias chegava a justificativa — muito trabalho, ou viagem, ou carta que decerto se extraviara.

Como ao Pici não chegavam os carteiros, tínhamos uma caixa postal na agência dos Correios da cidade. Todas as nossas idas a Fortaleza incluíam uma passagem obrigatória pelo feio prédio dos Correios, além de um portador oficial que ia lá, no mínimo, duas vezes por semana. E a frustração era total quando se metia a mão e a caixa estava vazia. Pois eram as cartas de Rachel que, lidas em voz alta, nos traziam as cores de outros mundos e, num paradoxo, nos ancoravam no cotidiano. Além disso, na ausência dessa carta semanal, havíamos que enfrentar em casa a decepção de mamãe e, por tabela, suas recriminações ou seu medo de que alguma coisa pudesse ter acontecido a Rachel. (E era justo: afinal, já houvera cartas avisando que ela estava presa ou fora deportada ou estava metida em confusões políticas clandestinas.)

De certa maneira, mesmo a distância, Rachel, através de mamãe, nos comandava a todos — era nosso oráculo, nosso juiz e estrela guia. E eu também era obrigada a escrever "para sua irmã", letra informe em folhas de caderno, cartas que, não sei por quê, eu escrevia cheia de inibição e constrangimento.

Assim, tendo essa correspondência como um fio de ligação contínua, Rachel nunca se desligou da família. Morando quase sempre longe, casada, ou grávida, ou presa, ou trabalhando, ou sofrendo, em todas as nossas crises voltava sempre — de avião, de navio, de caminhão (como aconteceu uma vez, durante a guerra), ou até a pé se preciso fosse. Ou ela vinha ou mamãe ia. E em todos esses anos, os anos bons, os anos tristes, em todo o nosso tempo de vida, nunca houve uma quebra de comunicação e — fora o breve período em que partiu com Oyama e antes que as coisas se esclarecessem — nunca deixamos de participar da sua vida e ela da nossa. Seus amigos logo se tornavam também amigos da casa, adorando papai, admirando mamãe, me chamando de "veia", apelido com que me chamava Flávio quando comecei a perder os dentes de leite.

Pela época de Rachel ainda solteira, o Pici vivia cheio de gente: os literatos que a cercavam, os amigos de Flávio do Colégio Militar, os colegas de Luciano. E havia ainda as moças, como abelhas ao redor de Roberto e Felipe. Roberto, arredio, olímpico, mas também sonso e lindo, tocando flauta, violão, ou qualquer instrumento musical que lhe chegasse às mãos. Resistir, quem havia de? Felipe, tio, mas quase da idade de Rachel, mais irmão do que tio — o esteio, o bom senso, a firmeza serena —, cumprimentava e sumia, ocupado em ajudar papai na administração do sítio. E eu a vagar no meio deles, de colo em colo, sem saber que também existiam brincadeiras de criança.

Dos amigos de Rachel lembro bem do dr. Antônio Furtado, de bengala e vozeirão, irrompendo aos gritos pelo portão de ferro, doido de pedra, ao que me parecia, e que, com aquela mão enorme e pesada, me dava tapinhas na cabeça. Lembro-me também do dr. Matos Peixoto, professor de latim de Rachel, muito importante, muito distinto, desse eu nem chegava perto. E do dr. Beni Carvalho, com uma filha mais ou menos da minha idade, que recitava e sapateava; eu, que não praticava nenhuma dessas artes, ficava olhando, metida num canto, envergonhada, não por mim, mas por ela se permitir aqueles desfrutes. E mais do que todos, havia Clóvis, amigo de Flávio, que eu amava em silêncio, mais tarde aviador da FAB; morto alguns anos depois quando seu avião bateu num dos picos da Serra do Mar.

E havia grandes almoços, e bandejas de frutas, e cajuína, e muitos retratos em que eu aparecia sempre na frente do grupo, à altura do cinto dos outros.

Mas tudo isso acabou quando Rachel se foi e Flávio morreu. Nenhum retrato existe mais desse tempo, pois aqueles em que Flávio aparecia mamãe mandou queimar. Como queimou também um livro que ele escrevera, as roupas, os uniformes — até a algum botão dourado que sobrasse tinha que ser dado um fim (e então mãe Titó os escondia na caixa onde guardava seus brincos e seus cordões de ouro).

Daí por diante, mamãe enterrou-se, literalmente, no Pici. E foi a sua salvação. Passava os dias no pomar, inventando novos plantios, ampliando a área das fruteiras. E era uma guerra contra as pragas, contra a secura da terra, contra o gado que furava a cerca, contra as formigas que, no espaço de uma noite, cortavam dos galhos uma safra inteira de laranjas e tangerinas. E ela só não chorava porque já tinha, antes, esgotado todas as lágrimas. Mas não desistia, começava tudo outra vez, maior e melhor; mandava abrir covas de um metro para as novas mudas, plantadas em esquadro — tudo tinha que ser perfeito, pois assim era minha mãe. Seu pomar — limpo e varrido, sem mato nem folhas secas, com os regos de aguagem sempre correntes — produzia os mamões, as bananas, os abacates maiores e melhores que já vi. Mas do jardim — tão bonito, em canteiros franceses redondos, triangulares, lunares — ela se desinteressou, pois jardins dão flores, e flores lembravam cemitério, onde agora estava Flávio.

20

Açude. "Dramas"

Ainda há pouco fomos ver o açude do Junco. E ao vê-lo me tocou na lembrança o tempo em que voltamos do Pará e viemos, meses depois, para o sertão. Era 1920. Eu já lia, lia muito Júlio Verne e me apaixonara por *Vinte mil léguas submarinas*, que, apesar de ter umas descrições científicas muito complicadas, criou para mim o mundo mágico das águas — mundo que de certa forma entesourei comigo e nunca perdi.

Eu era uma menina muito solitária. Felipe morava com a mãe dele, nossa avó, em Fortaleza. Roberto era três anos mais novo do que eu. Outro motivo de me sentir sozinha era ser a mais velha da irmandade. Uma das minhas manias, nesse período, era ir para o açude, sozinha, embora papai me proibisse de andar desacompanhada por lá.

Eu tinha, à beira d'água, uma tora de mulungu; vestia uma camisa de banho, ou sunga, não me lembro, e, pegada àquela tora de mulungu, avançava dentro da água funda, e me imaginava em plenas vinte mil léguas submarinas, já que o açude representava um mundo de água para a criança que eu era. Ao meu tronco de mulungu eu chamava de Nautilus. Jamais contei isso a ninguém, mas eu era o capitão Nemo, eu era todo mundo, eu era uma moça que tinha esbarrado com o Nautilus, eu era uma menina salva pelo Nautilus e, tal como se eles fossem bichos do mar, tinha medo dos bichos imaginários das águas do açude.

Quando, anos depois, nos mudamos para o Pici, lá também havia açude; mas era pequeno, de certa forma "civilizado", e não oferecia os mesmos encantos do açude do Junco; nem eu era mais a menina de imaginação fantasiosa que fora até então.

Nos peixes do açude do Junco eu botava nomes dos peixes do mar, mergulhava para apanhar as conchas de intãs e procurar pérolas dentro delas. Quantas intãs abri na esperança de encontrar a pérola!

O açude do Junco me alimentou a imaginação durante toda a adolescência. Mocinha ainda, aos quinze anos, quando namorava Arcelino (ou pensava que namorava), costumava botar "esperas" ao pé da parede do açude e ele vinha ver a minha pescaria, pescava comigo e zombava de mim. Mas sempre caía algum peixe no anzol, que eu levava para casa, triunfante.

Agora o açude, aquela umarizeira que ainda hoje está lá, já não são mais nossos. A gente perdeu o contato com o Junco; mas, na verdade, essa parte de minha infância, adolescência e mocidade tinha como limite a casa velha, o meu quarto — aquele quartinho à direita, caiado, mas ornamentado por uma frisa de dançarinos egípcios que eu mesma pintei, sobre um molde de papel recortado. O meu jardinzinho, onde eu plantava jasmim e bogari. E teve a famosa laranjeira, que Brito, também meu primo, me trouxera da Bahia, dizendo: "Quando esta laranjeira der flor, a gente se casa." Eu não queria me casar com ele, mas queria que a laranjeira desse flor. No fundo, eu esperava me casar com Celino; e cuidava amorosamente da laranjeira, que, aliás, Arcelino detestava. Durante mais de um ano cuidei da tal laranjeira, linda e frondosa; mas depois verificamos que o enxerto tinha morrido e que eu estava cuidando, com tanto carinho, só da planta vulgar que lhe servia de "cavalo". Foi uma espécie de lição, que, aliás, não me curou das minhas frustrações sentimentais.

Sim, o Junco morreu. O Junco novo é outra coisa. O jeito, então, é a gente preservar a lembrança, assim como dizia Drummond naquele poema, como "um retrato pendurado na parede".

O velho açude foi deposto. Vale agora o açude novo, "um mar d'água", como falam os caboclos.

Desse meu tempo recordo também um rapaz, ajudante de curral de Pedro Alves, chamado Joaquim Maxixe. Eu, incentivada por papai e junto com Roberto, promovi um batalhão patriótico, formado por todos os meninos do Junco, de seis, oito e até doze anos. O batalhão cantava a *Pátria amada* e evoluía sob o comando de Joaquim Maxixe, que, embora adulto, era meio infantiloide, tipo chefe de escoteiros. Os garotos fabricavam espingardas de pacavira (quem não souber o que é, vá ao dicionário) que imitavam perfeitamente um mosquetão. Faziam evoluções, marchas e contramarchas. E eu comandava a distância, porque, sendo mulher, menina, não podia entrar na forma. Promovia vicariamente Joaquim, enquanto eles cantavam: "Nós somos da pátria a *guárdula*...", deformando toda a letra. "A paz, queremos com fervor" eles cantavam: "Rapaz, queremos com fervor." "A guerra só nos causa dor" virava: "A guerra somos *causador*".

Todos adoravam. Roberto era ainda pequeno; muito bonito, alourado, corado, era realmente lindo. E Joaquim Maxixe, o comandante, dava-lhe o posto de sargento.

Falando em Roberto, esse tempo também foi o tempo dos "dramas". A gente (quer dizer, eu e a "minha companhia") armava um teatro na sala de jantar, arrumava-se uma cortina de lençol — papai e mamãe eram tão jovens (quando eu tinha dez anos mamãe tinha vinte e oito) que se divertiam tanto quanto nós. Roberto não tinha a mínima vocação para o palco, mas eu o dominava completamente e o obrigava a representar. Vestia nele calças de papai que precisava lhe enrolar nas pernas, bem meio metro, e o coitadinho ia para a cena numa sem-graceira horrível, cantando uma cantiga que começava assim: "Seu compadre, que vem da cidade..."

De vez em quando ele parava a cantiga, pedindo piedade, mas eu era inflexível e ele continuava.

Mesmo com esse esforço enorme, ainda consegui produzir vários "dramas". Papai colaborava muito; arranjou um jeito de fazer os letreiros e a cortina correr no palco — ele tinha trinta e quatro anos, então. Formavam um belo casal, mamãe era linda, como eu já disse tantas vezes; papai envelheceu cedo, mas nesse tempo era um homem muito bonito. E eu era dessas filhas idólatras, achava papai insuperável.

Era então nosso costume todas as noites nos deitarmos nas redes do alpendre, e papai me contava histórias. Foi então que aprendi muita coisa de história e geografia. Os reis de Portugal, da França, as guerras antigas. Às vezes também ele recitava poesias. E eu gravava tudo, tinha uma memória infernal.

Em *As Três Marias*, com o despudor que caracteriza o romancista, eu aproveitei, com o pai da Guta, muitas dessas minhas lembranças com papai. Embora mamãe talvez fosse mais inteligente, especificamente mais letrada, com melhor gosto literário do que papai, ele teve muito mais influência sobre mim durante a minha infância: no Pará, na serra, no Ceará. Minha primeira formação foi obra mais dele do que dela. Contudo, essa minha falada sobriedade no escrever devo mais à influência de mamãe, pois papai era um gongórico, gostava de ditos de efeito, era um ruibarbosiano. Embora ele fosse o meu ídolo, não o era no gosto literário. Nunca o acompanhei muito nas suas preferências. Só um pouco, quando ele lia Eça, Guerra Junqueiro. Quando comecei a escrever ele tinha muito orgulho de mim, mas não me lembro de nenhum comentário seu. De mamãe, me lembro de milhões de comentários sobre maneirismos, sobre tomar cuidado com essa ou aquela forma de dizer. Mas ele, não. Ele me aceitava tal e qual, tinha um bruto orgulho porque eu estava brilhando etc., mas nunca teve senso crítico em relação ao que eu escrevia. Nunca houve entre nós uma troca de críticas, de opiniões. Não me lembro. Com mamãe, era constante.

Felizmente, durante todo esse período, de 1919 até 1932, não houve nenhuma seca. A primeira grande seca desses anos foi a de 1932. Então, o açude representava realmente o centro de toda a vida ali. Lá que os bichos bebiam, lá que a gente tomava banho, de lá também é que se bebia água. Engraçado, não me lembro de nenhuma preocupação com ecologia, com poluição. Acho que as águas viviam limpas, pois os açudes sangravam todos os anos. Já sei: papai mandava cavar uma cacimba à beira do açude e dali se tirava água potável quando não havia mais água de chuva. Mas nesse tempo era tudo muito rústico, ninguém pensava em cisterna, a gente vivia muito mais da mão para a boca, não se tinha nenhum recurso artificial; a luz melhor era a lâmpada de carbureto, e eu, para ler, tinha um *photomobile*, que era uma espécie de castiçal, um cilindro oco, alto, com uma mola dentro e onde se punha uma vela; era encimado por uma manga de vidro. Hoje tenho uma pena danada de haver perdido o meu *photomobile*.

Não se tinha ali nenhum requinte de civilização, não se tinha fogão a gás; papai comprara uma maquininha de fazer café, com fogo de álcool — ele o fazia, de madrugada, quando estava com insônia. A nossa vida era muito simples.

Não consigo lembrar como era a alimentação lá no Junco. Eu quase não comia comida de panela, por isso não sei. Só me lembro de que chupava muita cana — onde a gente estivesse papai sempre dava um jeito de arranjar cana para mim. No Junco, vinha cana caiana do Arizona (que se chamava Itália, então), banana-maçã, e, toda sexta-feira, aqueles caçuás de frutas despachados do Pici, pelo trem, mandados por João Alexandre. Traziam vários tipos de fruta, muita manga, caju, graviola e os doces que Raimundinha fazia.

Aqueles caçuás eram a minha festa e o meu abastecimento pessoal. Lembro da expectativa ansiosa com que eu ficava olhando do alpendre os homens que vinham da estação, pela várzea, carregando os caçuás. Mais tarde, já moça, no período que passei no Junco com mamãe, depois que papai e Luciano morreram, a remessa ficou por conta de mãe Titó. Só que ela era muito caótica na arrumação, as frutas já chegavam amassadas, os vidros de doce vazando pela tampa. Além do mais, também já não era a mesma coisa. É o caso: teriam mudado os caçuás ou teria mudado eu? Já no seu tempo, não sei como era essa questão de comida.

Bom, só se consumia então comida fresca. Comia-se galinha, faziam-se as panelas de feijão, arroz, peixe; mandava-se buscar carne em Quixadá, fazia-se muita carne de sol. Não se comia quase nada de fora. Mamãe tinha uma prevenção muito especial quanto a enlatados. Depois, quando papai começou a ter problemas cardíacos, tio Batista aconselhou que ele não comesse muito sal, nem carne duas vezes por dia. Então, à noite, em vez de jantar, mamãe fazia aquelas ceias muito engordativas, mungunzá, bolos, doces — uma variedade enorme de doces. Na Califórnia é que havia a comida mais tradicional do sertão, e os horários de refeição eram diferentes. De manhã cedinho a empregada trazia o leite mugido para cada um (o meu, que eu detestava, fazia a menina beber no meu lugar). Às seis e meia era o café com leite — o café da manhã; o almoço, às dez horas; mais tarde uma merenda; o jantar, às quatro; e a ceia, às oito, nove horas da noite. Ainda peguei muito esse regime. Eu não gostava da comida da Califórnia, com seu excesso de pimenta-do-reino e muita gordura. Lá em casa era mais civilizado, um regime mais urbano. Tinha pão fresco todo dia, que vinha de Quixadá; quando se matava um carneiro, distribuía-se todo no mesmo dia, já que nesse tempo não havia geladeira. Havia muito bolo, pois mamãe, como todas as mulheres do tempo dela, achava que a gente tinha que engordar. Eu, ela tinha medo que ficasse tuberculosa. Com você foi ainda pior, que você não comia nada, só gostava de fruta brava, como dizia Zé Auto.

21

Roberto

Falei há pouco sobre Roberto, meu irmão, lembranças de nossa infância e mocidade; cabia falar sobre a nossa vida de adultos, nossa maturidade. Mas a dor de perdê-lo, menos de dois anos atrás, ainda magoa muito, muito.

Assim, no lugar de palavras atuais, lembrei-me de inserir nas memórias essa crônica, escrita há mais de trinta anos e cuja atualidade não passou, pois que não mudaram os sentimentos.

Irmão
O calendário, na mesa, marca o aniversário do meu irmão. E o curto algarismo preto no mês de fevereiro me suscita uma rajada de saudades velhas, afastando qualquer ideia de outro trabalho, me deixando parada a remoer o passado, devagar e com ternura. Transfere-me para aquela dimensão secreta que só de raro em raro se frequenta. Tesouro que a gente sabe que possui, mas que não se gasta e se tem para garantia de sobrevivência, assim como as reservas-ouro do erário público.

E dedico-me a pensar em amor de irmão, coisa tão realmente especial. Parece uma tolice fazer com tal ênfase essa afirmação do óbvio. Afinal quem não sabe o que é amor de irmão? É, a gente sabe, mas não medita. Dá por seguro, não mede nem compara e, nesse descuido, vai perdendo de vista os valores essenciais. Meditando é que se reconhece e se agradece a Deus.

Pode a gente estar velha e caduca, mas o amor de irmão conserva o seu perfume de infância através dos anos e anos. Aquela confiança que só menino tem, aquela segurança de afeto, a crença na perfeição e na lealdade do ser amado. Mormente irmãos com pouca diferença de idade, criados na mesma ninhada, juntos e solidários. Em nada se compara amor de irmão com amores de amantes, que em si já são afetos diversos e tormentosos, são amores que consomem e desesperam. Amor de irmão não tem altos nem baixos, é planície serena, verde pradaria que, se não ostenta orquídeas de paixão, se enfeita sempre com duráveis sempre-vivas. Amor de irmão não duvida nem desconfia, é amor dificilmente vulnerável, uma vez que jamais se desloca para a área perigosa dos outros amores. Nada lhe pode suscitar rivais, porque ele é único. Você pode arranjar vinte noivos, dez maridos, cem amantes, mas irmão só tem aquele ou aqueles nascidos em tempo hábil da carne de mãe e pai.

Enquanto você tem irmão, tem você uma reserva de intacta meninice. Pois, de um para o outro, vocês até a morte continuam a ser "os meninos". O entendimento por meias palavras. As anedotas familiares que só os dois compreendem. No meio de um discurso o orador diz uma palavra e, através da mesa, você e seu irmão trocam um sorriso — sabe lá, sabem só vocês, que longínquas, graciosas memórias aquela palavra desenterrou. Ah, irmão. Nestes tão longos anos de vida jamais consegui ter dele a raiva mais mortífera que durasse além de dez minutos. Dez minutos? Exagero. Entre a palavra que vai e a palavra que vem se liquida tudo. Ou no auge da raiva um dito engraçado, uma alusão subentendida. Não sei como foi com Caim e Abel, Esaú e Jacó, esses irmãos homens. A relação que entendo é de irmão para irmã. Que não pode incluir rivalidade, porque os dois não evoluem no mesmo campo. Ao contrário, sendo mulher e homem, em lugar de se chocarem, se completam. Um é forte, a outra é paciente. Ele é valente, ela é astuta. O amor-amor dele vai para mulher, o dela vai para homem. As vitórias que um quer não são as mesmas que a outra pretende, porque ambições de homem não têm nada que ver com as complexas, sutis e envolvidas ambições de mulher.

Esse irmão, meu irmão, recordo-o dos anos mais longe, e vejo o bem-querer que lhe tenho, sempre igual e sempre firme, e pasmo de que na natureza humana, tão variável e desleal, possa haver amor assim. Nunca precisei dizer a ele. E isso é que é o mais importante. Eu sei e ele sabe. A gente não precisa afirmar, repetir. Os dois sabem, tranquilamente, sem faísca de dúvida. Conta-se com ele tão certo como o dia e a noite, a velhice e a morte. Amor que não precisa de carta, de telefonemas nem retratos. Pois como uma coisa imperecível poderia depender dos perecíveis?

Outro dia uma prima velha nos contou um episódio da meninice minha e dele, meu irmão. Faz muito tempo, era em Fortaleza, eu teria cinco anos e brincava de tarde, na calçada, na praça Coração de Jesus. A prima me agarrou, me beijou, me olhou de perto e disse com a sua costumeira indiscrição: "Ah, que pena, você não se parece nada com a sua linda mãe!"

E eu teria respondido gravemente e com orgulho: "Não, quem parece com ela é o meu irmão. Ele é que é o bonito."

Até hoje tem sido sempre assim. O bonito é ele; cada vez mais bonito, o danado, com aquele cabelo branco nas têmporas, o sorriso claro, a cor fina da pele. E aquela inteligência aguda, a malícia no entender, a ironia pronta, o ceticismo sorridente. A ternura encabulada.

Quando o velho Miguel Francisco fez há mais de cem anos a casa do Junco, parece que se estava esperando por ele. Aliás, que seria daquele nosso mundo sem ele? Que seria de mim sem ele? Outra coisa seria: mais pobre, mais amarga. Sem toda aquela riqueza que vem desde a infância — infância minha e tua, meu irmão.

Roberto morreu em 6 de outubro de 1995

22

A fazenda

O Junco, em termos de Nordeste, poderia ser considerado um latifúndio. Eram catorze quilômetros à margem da estrada de ferro, incluindo, na verdade, fazendas reunidas sob o mesmo nome: o Junco, propriamente dito, que papai herdara de "meu tio Miguel"; o Não Me Deixes, do lado oposto à estrada de ferro, e, mais tarde, por morte de nossa mãe, desmembrado do Junco e passado para Rachel; a Itália, que tia Beatriz vendeu a papai em 1922 para custear uma viagem e estada no Rio — no que fez muito bem, pois foi à volta dessa dita viagem que conheceu Homero Varela, com quem se casou e teve cinco filhos. Havia ainda a Biscaia, história um pouco mais complicada: quando minha avó morreu, os filhos, que eram dez, tiveram, cada um, a sua parte no verdadeiro condado que era a Califórnia — São Francisco da Califórnia. Meu pai declarou, então, que não queria ficar no bolo, preferia receber uma fazendinha separada que se chamava Biscaia. Os irmãos acharam aquilo uma extravagância, deixar de ser herdeiro da Califórnia, a melhor, a mais rica, a mais bonita fazenda de toda aquela região, para ficar apenas com aquelas terrinhas da beira do rio, que nem casa de morador tinham. O tempo, contudo, provou que meu pai estava certo: a Califórnia, dividida, não no chão, mas em nove partes ideais, ao longo dos anos só foi trazendo desacertos entre os herdeiros. Caiu, por fim, na mão de uns primos incapazes e desavorados, até que acabou sendo desapropriada pelo Incra. Mas esse assunto da Califórnia é mais de Rachel, não meu. Foi ela quem, na infância e adolescência, viveu de temporadas por lá — eu não era nem nascida.

Voltando ao Junco, isso já no meu tempo: havia gado, algodão e a agricultura de subsistência — milho, feijão, mandioca etc. Mas a principal fonte de renda, o que sustentava a família, era a lenha vendida para a Estrada de Ferro. A mata do Junco era tão extensa que, mesmo com todo aquele corte, havia ainda grandes trechos intocados, entre eles o Não Me Deixes. É verdade que o corte de lenha obedecia a certos critérios, sendo poupada toda a madeira de lei, jamais um cumaru, uma aroeira, um pau-d'arco — imagine cortar, para fazer lenha, um pau-d'arco, aquela surpresa colorida no meio da catinga, esse, nunca! Mas, naquele tempo, tirar madeira da mata era uma prática legítima e desejável, simbolizava riqueza e poder; só papai é que tinha aqueles cuidados.

Os cortadores de lenha saíam de casa pela madrugada, se embrenhavam pelas picadas e voltavam lá pelo meio-dia, deixando, no local do corte, a lenha espalhada. Vinham então os cambiteiros trazendo a carga nos jumentos — os infelizes jumentos do sertão, submetidos a toda espécie de crueldade. (Tema que deveria ser estudado por sociólogos: o porquê de tanta crueldade do caboclo com os animais. Talvez ressentimento, revanche, já que não pode ferir o que está acima fere o que está abaixo. Será *só isso?*) Mas deixa voltar à lenha: os jumentos eram descarregados e a lenha, arrumada perto dos trilhos, em pilhas de metro cúbico, onde seria apanhada pelos trens.

A casa do Junco fica num altiplano a uns quinhentos metros da estação e de lá se via todo o movimento dos trens. Cargueiros, havia deles quase sempre, parados no desvio, deixando a linha livre para os trens de passageiros; desses passavam dois por dia, um subindo para o interior e o outro descendo para Fortaleza. Embora o tempo de parada fosse curto, era aguardado como uma festa. Quando o chefe da estação tocava a sineta avisando da chegada próxima, começava o movimento: gente que ia embarcar, gente que ia receber outra gente, vendedoras de café, de bolo, de tapioca. E mesmo quem não ia vender nem embarcar ficava passeando na calçada da estação, que sempre passava algum conhecido e por ele se sabiam as novidades. No trem de baixo se comprava o jornal; no trem de cima, que vinha do Crato, compravam-se coquinho macaúba e doce de buriti. E quando o trem ia embora ficava um vazio tão grande, assim como naquela peça, "um grito parado no ar".

A marca de ferrar o gado da fazenda era o desenho de uma clave de sol. Papai, embora a achasse bonita, me explicava que não era uma boa marca, pois apresentava dois fogos cruzados, além de um pronunciado fogo de canto, o que, no couro do animal, cria uma zona sujeita a infecções e bicheiras. No outro quarto do animal apunha-se a marca da freguesia, a letra Q (em formato de 2) de Quixadá. Na hora de marcar a safra nova dos bezerros — uma vez por ano, normalmente em julho —, eu fugia de perto, ia pra bem longe, onde não pudesse ouvir o berreiro.

As mulheres

Embora cante o nosso saudoso Luiz Gonzaga "o sertão de mulher séria e homem trabalhador", a gente sabe que as coisas não são bem assim. Naquelas famílias tão grandes, cada casa parecendo uma creche, espirrando criança por todo lado, criança nua, criança vestida, criança remelenta e barriguda, algumas delas com cara — cara e jeito — muito diferente do pai oficial, não é costume se ligar causa a efeito. São as forças da natureza, acontecem, como acontecem a seca, a fome e, em certos anos, as enchentes.

A Conca, por exemplo. Sob a sujeira, o cabelo era alourado, os olhos claros, o talhe de palmeira; e tinha uma grande qualidade: dançava muito bem. Era fanhosa, desgrenhada, atrevida e mãe de dois filhos, não do marido, que a largara logo depois do casamento, mas de Zé Ramos, casado depois, e pai de outros filhos, muitos.

Esses dois filhos da Conca, o menino, Zé — hoje comerciante e já avô — é afilhado de Rachel. (Aliás, é incrível o número de afilhados que Rachel tem no sertão. De vez em quando eles chegam, os homens tiram o chapéu e tomam a bênção, as mulheres beijam a mão. São afilhados de batismo e de "fogueira" — fogueiras de São João e de São Pedro, que são acesas no pátio, defronte à casa: dão três voltas ao redor do fogo, dizendo uma reza e pronto, a cerimônia está sacramentada: madrinha e afilhados para o resto da vida.) A menina, Leonor (nome romântico dado por mamãe e chamada, como as princesas da Idade Média, Lianor); quando pequenos viviam tão imundos, tão doentes, tão atacados de sapiranga que mãe Titó resolveu se apossar deles e dar-lhes trato. O Zé — Zé Conca, como ainda hoje é chamado — tinha que ser amarrado no pé da mesa para não fugir. Mãe

Titó era assim, de métodos drásticos, mas eficientes, tanto é que fez dele gente. Leonor, mais rebelde, foi submetida aos primeiros tratamentos, melhorou dos olhos e então se desgarrou. Ficou parecida com a mãe, só que em versão piorada, pois, além da fala estridente e fanhosa, tinha orelhas de abano, era impertinente, malcriada e, em lugar do doce nome de Leonor ou Lianor, ficou conhecida por Leandra, nome que, na verdade, se parecia muito mais com ela.

Depois de algumas besteiras, casou-se, a mãe ainda reclamando porque o rapaz era negro e ela "não ia querer abençoar neto preto". A primeira filha de Leonor, Isabel, ainda mais estridente e malcriada do que mãe e avó, já teve três filhos de pais desconhecidos.

E havia também Estela (uma das companheiras de infância de Rachel e mais tarde sua comadre), realmente a estrela entre todas. Ao longo da estrada de ferro, cada parada com a atração do seu produto — banana seca na Pacatuba, atas em Água Verde, uvas no Baturité — no Junco, a atração era Estela e o café que vendia na banca do avô cego. Era bonita, despachada, ruiva e alegre. Já a conheci casada e depois mãe de bem uma dúzia de filhos, poucos deles herdeiros das feições e do jeitão lerdo do pai, um homem bom e pacato, muito estimado por meu pai.

Nesse tempo o Junco era quase uma povoação, pois, além dos moradores da fazenda, havia os empregados da Estrada de Ferro, todos com casa na beira da linha. Festas, umas três vezes por semana com o Adonias na sanfona (outro coitado, que, branco do olho azul, até filho preto retinto teve); no bombo e no triângulo, basta seguir o ritmo, qualquer um sabe tocar; e a música se espalha em lufadas ondulantes, até muito longe, pois lá é uma planície que se estende até a barreira dos serrotes de Quixadá. As *madrugadas escuras, o mato próximo, daí que a vida é muito livre, os costumes soltos.*

Já bastava a família de dois dos empregados da Estrada para abastecer de moças e rapazes o povoado. Zé Laurentino, o chefe da turma, tinha oito filhas e mais um tanto de filhos. Manoel Ramos, o guarda-freios, se não os tinha assim em quantidade, tinha os mais bonitos, altos, louros, de olhos azuis como o pai. Manoel Ramos, gordo, cardíaco, sempre de bom humor.

Dava uma aflição ouvir o trem apitando, já na curva da Lagoa, e ele, naquele passo descansado que nada alterava, a caminhar para as agulhas com as bandeirinhas verde e vermelha enroladas debaixo do braço.

Das filhas de Zé Laurentino, Rita, a mais nova, minha companheira no jogo de pedras e de caça aos tetéus, morreu ainda menina, mordida no roçado por uma cascavel.

E havia Marizinha: dela, o que posso dizer? Em matéria de anjos, foi o único que conheci.

Desde pequena, Rachel foi dona da sua total devoção: quando se falava nela, Marizinha logo enchia os olhos d'água.

Sua mãe, a velha Margarida, ainda pegara a escravidão. Lembro dela, muito velha, acocorada junto ao fogo da trempe, pequeno chapéu de palha na cabeça, saia comprida e cabeção de renda da terra, sempre fumando cachimbo. Quando me via, levantava-se forçando os joelhos com as mãos e ia buscar uma lata com cajás que mandara apanhar cedo no pé. Eu pouco entendia o que ela falava, palavras engroladas, misturadas com resmungos, talvez a velhice, talvez os restos de um dialeto africano esquecido.

Marizinha era a filha mais nova, que também já conheci velha, arrastando rápido as chinelinhas — splec, splec — ou dormitando ao pé do fogão onde mexia o tacho de doce de leite, chegando até a sonhar, pois às vezes ria e balançava a cabeça, embora a colher de pau continuasse rodando no mesmo ritmo, muito lento, a tarde toda. Quando acordava, o doce já tinha ficado pronto lá mesmo por conta dele.

Foi das pessoas que mãe Titó mais oprimiu na vida, Marizinha, a quem só chamava de Maria Margarida, ou só de Maria, e nisso já havia uma espécie de censura; mesmo assim, naquele tipo de dependência do patrão ao escravo, mãe Titó era apegada a Marizinha e não admitia outra pessoa para ajudá-la no queijo, no milho das galinhas, nas flores dos santos. (Por falar nisso, lembrei agora de um prato que mãe Titó fazia que se chamava carne sepultada, receita de um clássico, O cozinheiro nacional. A carne era temperada, embrulhada em folhas de bananeira e em seguida enterrada. Por cima, no chão, era feita uma fogueira que ardia durante muitas horas até assar a carne. Nada posso dizer do gosto, porque nunca consenti prová-la.)

Mas ainda Marizinha: mãe Titó a chamava na hora da reza e começava a tirar o terço, e a outra dormia, ela gritava: "Tá dormindo, Maria?" E Marizinha, estremunhada, piscando os olhos, sem nem se lembrar do que estava fazendo ali, respondia: "Tô não, Tonha!"

"Pois então comece onde eu parei!"

E Marizinha, que não entendia nada dessas coisas de religião, fazia o pelo-sinal com a mão esquerda, e mãe Titó vinha: "Isso é pecado, Maria!" E lhe segurava a mão certa como quem ensina catecismo a criança.

Tinha horas em que Pedro Alves, que, como todos, a amava e azucrinava, chegava perto dela e dizia em voz baixa coisas assim:

"*Marizinha, você nem ao menos respeita o doutor e a dona? Pensa que eu não vi, de madrugada, você pular a janela para ir se encontrar com Zé Vilar?*"

Ela ficava transtornada, saía — splec, splec — *correndo atrás do Pedro, brandindo a colher de pau, e depois explicava, ainda gaguejando de raiva:* "*É capaz do povo acreditar nas mentiras desse cabra mentiroso e senvergonho!*"

23

Mário de Andrade

Mário de Andrade, eu o conhecia de nome, de cartas. Quando da minha estada em São Paulo, em 1933, estive rapidamente com ele, mas nesse tempo eu estava envolvida com comunismo, com trotskismo, com Lívio Xavier, Mário Pedrosa, Aristides Lobo, toda aquela gente de São Paulo que aparece em outro capítulo. Fui conhecer de perto Mário de Andrade quando ele andava exilado pelo Rio de Janeiro, creio que por motivos políticos: era em 1939, depois do Estado Novo. Mas não sei detalhes a esse respeito. Ele morava no edifício Minas Gerais, no início da rua do Catete (pusemos até uma placa lá depois que ele foi embora). Um edifício modesto, quase defronte à Taberna da Glória, a saudosa Taberna, demolida com o alargamento do Catete. A Taberna era o nosso ponto de reunião, quando ainda viva; lá fui levada por Rubem Braga e por Murilo Miranda, diretor da *Revista Acadêmica* e autonomeado anjo da guarda de Mário; Murilo era de uma dedicação total, carinhosa e afetuosa com o mestre. Creio que no meio dos sofrimentos de Mário, Murilo foi realmente o seu consolo —

e não havia nada de homossexual nisso: Murilo era muito bem casado com uma irmã de Rubem Braga, Ieda.

Mário vivia no Rio humilhado, ofendido, tinha perdido as suas posições em São Paulo, onde fora um homem muito importante, professor e grande guru. Arranjou-se então para ele uma posição no Instituto Nacional do Livro, cujo diretor era Augusto Meyer, um homem talentosíssimo e gentil; mas quando bêbedo — o que era mais ou menos frequente — mostrava-se agressivo e cruel. Certa vez, ele, Augusto, muito *alto*, resolveu me contar os seus ressentimentos e por que se tornava tão cruel quando bebia.

"Já pensou ter quinze anos e ver todas as mulheres do mundo chamarem você de 'Fogo, foguinho'?" (Ele era ruivo, de um ruivo violento, e, antigamente, ruivo era malvisto. Toda mulher ruiva pintava o cabelo de escuro.)

E o ressentido Augusto, descobrindo a força, o poder de Mário sobre nós, reagia brutalmente; quando bebia, chamava Mário de veado, de mulato — coisas que ele era, mas ninguém dizia. E a gente, para compensar, redobrava a corte a Mário.

Vocês, do pessoal mais novo, talvez não entendam a admiração, a devoção, essa quase adoração que a nossa geração tinha por Mário de Andrade, a dimensão exata do que ele foi para nós, seus jovens contemporâneos. Mas hoje (*sic transit*) até em colégios já me perguntaram quem foi ele.

Bom, já nem falo da sua obra como musicista, como professor, romancista. Curioso, ele não era um grande romancista; seu grande romance foi só *Macunaíma*. E a sua poesia também não era uma poesia maior; foi meritória, boa, importante, mas não uma poesia como a de Manuel (Bandeira), como a de Carlos (Drummond). Mas Mário era o nosso grande professor de vida, de literatura, de arte; um homem profundamente atento e totalmente dedicado à catequese literária: Mário, por exemplo, nunca deixou de responder a uma carta — qualquer carta. Recordo que, quando estávamos morando em Itabuna, resolvemos mandar a Mário alguns poemas de Zé Auto para que nos desse a sua opinião. Ora, um homem da importância de Mário recebia poemas de todo mundo. Aliás, fui eu que mandei os poemas. E ele me deu logo esta resposta, em carta:

"Gostei muito, mas não bastante, dos versos do seu poeta." Fazia então uma análise minuciosa dos poemas que eu lhe enviara. E acho que foi essa sentença de Mário que parou com a poesia de Zé Auto, que, aliás, era respeitado nas rodas literárias do Recife, como poeta de importância. Tentei lhe esconder a carta, mas Zé Auto a descobriu, fechou-se e nunca mais fez poesia, a não ser ocasionalmente; deixou assim de ser o poeta que tinha sido até então. Desde esse dia lá em Itabuna, quando leu a carta (que, creio, conservou por muito tempo), Zé Auto se irritava quando alguém o chamava de poeta; claro que por causa da sentença. Tal a importância, a força de Mário. Engraçado, Zé Auto nunca se mostrou ressentido com ele.

Quando chegamos ao Rio, em 1939, Mário era um dos poucos amigos que já tínhamos; Zé Auto o tratava com muita consideração, embora nunca tenha convivido com ele como eu convivi. Mário fazia parte da minha roda e Zé Auto não frequentava a nossa roda de intelectuais. Tinha outros amigos, mas sempre que encontrava Mário tratava-o com grande cordialidade. Já nós — a minha roda — adorávamos Mário e ele nos dava uma confiança total. Adorava, por sua vez, ver-se cercado de gente moça — Rubem Braga, eu, Murilo Miranda,

Moacir Werneck de Castro, Carlos Lacerda, com quem era muito ligado; Eneida, às vezes, mas não muito. Mário não gostava de comunista profissional, não era ligado aos comunistas. Nós éramos os fiéis acólitos dele, o acompanhávamos sempre — eu menos, porque nunca me meti muito em rodas boêmias, era sempre mais discreta.

Engraçado, muita gente pensa que o meu bom comportamento foi devido à mão forte de Oyama, mas não é verdade. Nessa fase de 1939, eu saía, andava muito, mas sempre fui comedida, nunca me meti em bebedeiras, em corriolas. A única bebedeira pública que nós tomamos foi no dia da posse de Manuel Bandeira na Academia Brasileira de Letras, mas, então, era impossível evitar, porque se tratava de Manuel e todo mundo ficou alto, senão bêbedo mesmo. Ocupamos o Bolero, em Copacabana, e foi realmente uma festa.

Bem, recordando ainda o Mário: a gente saía juntos, e ele também ia às vezes comer em minha casa. Eu não ia à casa dele, porque, nesse tempo, senhoras, mesmo literatas, não frequentavam apartamento de homem solteiro. A única exceção a essa regra era Manuel — não sei por quê, mas todo mundo, todas nós podíamos ir à casa de Manuel. Mário, quando fui à casa dele, ia com grupos grandes ver algum livro, alguma coisa que ele queria nos mostrar.

Mário gostava de cozinhar e inventou fazer comigo um "doce de bêbedo": uma camada de compota e uma camada de manjar branco, mas tudo sem açúcar. E era horrível. Nas horas de melancolia, ele se abria com a gente, e às vezes também, quando estava meio bebidinho, fazia confidências, contava as suas amarguras no Rio, o que estava sofrendo no Instituto do

Livro, as desavenças com Augusto Meyer. A volta para São Paulo foi uma libertação. Mas ele já ia doente, tinha problemas cardíacos sérios, e morreu em 1945.

Resumindo o que foi Mário para a gente, para a minha geração: foi o mestre, o guru, o companheiro, o irmão mais velho. Nós nos espelhávamos nos olhos de Mário, escrevíamos sob as bênçãos de Mário. Muito antes de o conhecer pessoalmente, quando morávamos em Itabuna, eu, Zé Auto, Lena Weber, de Ilhéus, a gente decorava *Macunaíma* e recitava trechos e trechos juntos. Certa vez, estávamos de visita numa casa de cerimônia, quando houve assim aquele vácuo, aquele silêncio; então alguém disse a frase de *Macunaíma*:

"Vamos conversar porcaria?" E todos respondemos em coro: "Xi, gosto disso que é um horror!" Foi o maior escândalo. Ainda hoje sei, decorados, trechos de *Macunaíma*, tal a importância que esse livro teve para nós.

E quando Mário nos deixou e voltou para São Paulo foi uma desolação. A gente se consolava escrevendo freneticamente para ele. É muito comentada a capacidade epistolar de Mário. Ele escrevia para quase todo mundo, e não bilhetinhos, mas cartas imensas, como se essa fosse a sua única ocupação. Existem vários livros publicados só de cartas de Mário de Andrade. Creio que essa abundância se deve ao fato de que ele escrevia como se desse aulas. Por exemplo, a tal carta sobre Zé Auto: se em vez de se fechar em copas Zé Auto tivesse respondido, pedindo explicações (escrevendo bem como escrevia), teria sido o início de uma grande correspondência.

Tenho a impressão de que a vida pessoal de Mário era muito vazia. Talvez porque ele não ousasse assumir o seu sufocado homossexualismo. Tinha umas irmãs solteironas com quem vivia. E assim, a todo jovem que o procurava, ele correspondia amigavelmente. A mim, por exemplo, dava as maiores espinafrações porque eu não respondia às suas cartas. Logo eu, que nunca escrevo para ninguém. E ele dizia: "Nunca mais te escrevo porque tu não respondes." Brincava comigo, me fazia um carinho — era muito carinhoso comigo, numa base fraterna, de que me orgulhava. Mário distinguir alguém de nós, tratar com uma ternura especial, era motivo de orgulho, sim. E ele, claro que como professor de literatura, sempre deu muita importância às coisas que eu fazia. Talvez se portasse assim com todos; mas comigo, não sei, eu tinha a impressão de que havia algo especial. Ele brincava, dizia: "No meio desse mulherio, você é diferente." É difícil a gente contar palavras dessas sem parecer que está se gabando. E, na hora, eu achava isso tão fabuloso que não me sentia grande nem importante com aquela atenção de Mário: sentia o quanto ele era generoso, gentil — aliás, uma das palavras que melhor definem Mário de Andrade é essa, gentil, no sentido primeiro da palavra, pessoa que tem um modo especial de nos tratar. Você estava num lugar, Mário lá de longe fazia um sorriso, naquela cara feia dele, e tudo se iluminava.

Na verdade, Mário de Andrade ocupava um lugar de honra no meu Olimpo. Ele e Manuel.

Em 1939 o grande salão de reuniões dos intelectuais (aqueles que vinham do modernismo, ou os nordestinos, ou qualquer escritor ou artista que chegasse ao Rio) era a casa de Aníbal Machado. Em Ipanema (uma casa hoje demolida, fizeram um edifício no lugar), na Visconde de Pirajá, vizinho ao antigo Bar Zepelim, defronte à sorveteria de seu Morais. Lá morava Aníbal, casado com Selma, que era a segunda mulher dele, irmã de Aracy, a primeira mulher. De Aracy teve seis filhas, de Selma uma, sete ao todo.

Aníbal era um homem cuja presença e cujo talento eram muito maiores do que a sua obra. Isso ele tinha em comum com Evandro Moreira Pequeno, com Jaime Ovalle — homens de muito talento, mas que não deixaram praticamente obra escrita. Aníbal escreveu muito pouco. Era um homem pequeno, de cabeça grande e redonda, muito vivo, muito agitado, realmente um sujeito carismático, extraordinariamente inteligente, atilado e sabido. Tratava de todos os temas, de todas as pessoas, com grande graça e vivacidade, atraindo os grupos mais variados em torno de si.

Lembro-me de uma vez em que estávamos numa roda, Manuel, Afonsinho (Afonso Arinos), Ribeiro Couto e eu, cada um com um copo de bebida. Aníbal chegou e quis provar do copo de um e outro; ele não podia beber, por causa do fígado, e vivia dando bicada na bebida alheia. E falou: "Eu posso beber no copo de vocês porque aqui não tem nenhum tuberculoso, não é?" E Manuel retrucou: "Pelo contrário, Aníbal. Aqui, fora a Rachel, todos nós somos tuberculosos."

Realmente, ele, o Afonso e o Ribeiro Couto, todos tinham sido tuberculosos de carteirinha, desses de morar em sanatório. O grande poema de Ribeiro Couto, "Cancioneiro de d. Afonso" (d. Afonso era o Afonsinho), fora escrito em sanatório.

Aníbal então olhou para todos: "Que gafe!", e saiu rindo, fagueiro.

Todo domingo a gente ia lá para jantar. Um jantar simples, geralmente um assado, um barril de chope que Selma mandava comprar no Zepelim. Quem me levou lá as primeiras vezes foi Evandro Moreira Pequeno; depois eu ia também com o Pedro Nava, ou o Caloca (Carlos Leão).

24

Novos amigos

Quando saímos do edifício Marcelle, na avenida Beira-Mar, fui morar na subida para Santa Teresa, num prédio de dois andares, construído entre a residência e o Teatro Duse, de Pascoal Carlos Magno; mais acima ficava aquela já referida casa, onde Manuel Bandeira morara, e eu também.

Além de outros amigos, frequentávamos um grupo a que me tinha levado Magalhães Júnior, meu amigo recente. Aliás cheguei depois a fazer "bodas de ouro de amizade" com Magalhães, como ele dizia. Em cinquenta anos de amigos ele só me fez gentilezas, só me deu provas de amizade; foi durante todo o tempo uma pessoa com quem contei e em quem confiei totalmente. Quando eu chegara ao Rio em 1931, ele era um jovem repórter, trabalhava em *A Noite* e já vivia muito interessado por teatro.

Foi Magalhães que, anos mais tarde, arranjou-me trabalho em *Vamos Ler*. Era ele frequentador do gabinete do ministro onde se reunia o grupo de José Américo de Almeida. Já depois do grande êxito de *A bagaceira* — fazia uns dois anos —, Zé

Américo veio a ser ministro da Viação: era ao mesmo tempo não só o escritor, como também o político, companheiro de lutas de João Pessoa.

Ambos haviam feito a revolução de 1930 na Paraíba e devemos lembrar a parte importantíssima que a Paraíba tomou nesse movimento.

Acontecia assim: ao se encerrar o expediente, Zé Américo reunia um verdadeiro salão literário no seu gabinete; e foi para lá que Magalhães me levou. Compareci diversas vezes ao "salão Zé Américo", como dizíamos. Só se conversava literatura ou temas políticos ligados à literatura e alguma política social.

Zé Américo era um espírito muito aberto — o grande liberal —, com aquele sotaque paraibano. E eu, fora as secretárias, era a única moça que ia lá. Ficávamos conversando horas e, engraçado, esse convívio nunca teve publicidade, nem os getulistas se metiam conosco. Éramos só nordestinos que nos reuníamos para discutir literatura. Foi lá que conheci Simeão Leal, sobrinho de Zé Américo, recém-chegado da Paraíba, muito mocinho ainda. E mais amigos de Zé Américo: Nelson Lustosa, Rui Carneiro, Herman Lima. E também Antenor Navarro, com quem eu tinha feito uma viagem de navio, daí ficando muito bons camaradas; ele era então interventor na Paraíba. Morreu num desastre de avião, naquele mesmo acidente do Savoya Marchetti, no qual também quase morreu o próprio José Américo.

O autor da *Bagaceira* tinha um traço curioso: sendo embora um grande escritor, mostrava-se extremamente provinciano no seu *approach* pessoal; na verdade, era um homem sofisticado intelectualmente, muito culto, muito lido, muito talentoso e, sobretudo, extraordinariamente inteligente. Mas falava como paraibano — paraibano do povo. Me chamava *Raquer*. Via-se bem que a política era a sua segunda paixão; a primeira era a literatura, era livro, eram os escritores, era conversar com os literatos. E as sessões da tarde, embora se dessem no ministério, eram exclusivamente literárias. Ele sentado à mesa, na cadeira de ministro, e a gente ao redor. Só se bebiam água e cafezinho; nunca vi aparecer bebida por lá. Mas havia liberdade de dizer as coisas, discutir fatos. Ele, contudo, não permitia comentários políticos. Dizia: "Não quero atrapalhar os nossos assuntos."

Me lembro de que uma vez apareceu lá Juarez Távora, muito entusiasmado, discutindo a situação do país; e todos nós nos calamos. Juarez perguntou: "O que há?" Demos um sorriso amarelo e acabou o Juarez indo embora porque ousara falar de política naquela nossa hora sagrada.

Minha amizade com Zé Américo foi outra que perdurou até ele morrer. Nela só houve um hiato quando, depois de 1937, ele aceitou ser novamente ministro de Getúlio. Comentei abertamente numa crônica essa sua aproximação com o pai do Estado Novo, e Zé Américo ficou ofendido. Pouco tempo depois, Simeão Leal preparou um grande almoço em sua casa, nos convidou a ambos, sem avisar um ou outro, confiado no que iria acontecer e realmente aconteceu: Zé Américo e eu abrimos os braços e nos abraçamos; estavam as pazes feitas.

Sempre que ia ao Ceará, onde eu então morava, Zé Américo procurava por mim. Ficava no Palace Hotel. Fazia as viagens como ministro, mas assim que se liberava dos negócios de Estado mandava nos buscar — a mim e outros amigos da mesma roda — para nossas conversas literárias. Aliás, creio que nunca mantive com José Américo uma conversa de caráter particular; era sempre a mesma coisa: literatura e livros. Política, só se fosse oportuno ou quando a gente forçava. Por exemplo, durante os governos militares, quando se falou muito no filho dele, o general Reynaldo, para candidato à sucessão do presidente Médici, tocou-se no assunto com o pai. E Zé Américo cortou rispidamente: "Reynaldo não dá para isso."

A personalidade de José Américo tem ainda muito a ser estudada. Os livros que se escreveram sobre ele não aludiram ao lado sarcástico, ao lado homem do povo, o lado muito forte que ele tinha como pessoa viva, embora jamais personalizasse as suas críticas. O *eu*, a persona José Américo, se impunha tanto que nós respeitávamos o seu jogo e compartilhávamos dele, falando apenas nos assuntos que ele gostava de comentar: um capítulo de livro, um tema, uma frase, uma tendência intelectual. E o engraçado era vê-lo discutir os temas mais sofisticados sem se apartar daquele seu linguajar paraibano.

Outra aproximação que Magalhães Júnior me proporcionou foi com o povo de teatro: Procópio Ferreira, Regina Maura (então a mulher dele, Procópio), Dulcina, Odilon, e os mais. Ainda foi Magalhães Júnior que me levou a visitar Humberto de Campos. Humberto já estava morrendo, morava no largo do Machado no edifício Rosa — que nem sei se ainda existe.

Acontecia que, na juventude, quando andou pelo Ceará, Humberto tinha sido companheiro de rapaziadas e de literatura de meu pai, embora fosse um pouco mais velho.

Humberto de Campos era, na época em que o conheci, o escritor mais famoso, mais lido e mais vendido no Brasil. Houve um tempo em que as suas crônicas — ele escrevia dois tipos de crônicas: as que assinava com o seu nome e as crônicas fesceninas, em que usava o pseudônimo de Conselheiro XX (crônicas essas que mamãe não me deixava ler) — faziam tremendo sucesso. Contudo, o principal da sua obra foram as celebradas *Memórias*, que comoveram o Brasil inteiro. E, naquele momento, estava ele no auge da popularidade.

Na viagem que me trouxera ao Rio dessa vez, passando o navio por Recife, fui presa e interrogada pela polícia e os jornais noticiaram o fato. Humberto escreveu então uma crônica onde usava uma alusão bíblica a meu nome, e tomava as minhas dores, contra a prisão. Dirigia-se ao chefe de polícia do Recife (o então coronel Nelson de Melo) dizendo: "Quem dava de beber aos camelos de Isaac não era Rachel, era Rebeca."

Anos mais tarde, saíram as *Memórias* de Humberto de Campos, proibidas pelo autor de serem publicadas antes de passados cinquenta anos de sua morte, mas dadas ao público muito antes disso, pelo *Cruzeiro*, em folhetim e em livro.

Nelas Humberto dizia horrores de todo mundo. E, assim, a cada número da revista trazendo o capítulo das memórias, ao aproximar-se a data da visita que lhe fiz, fui ficando cismada, com medo do que pudesse sair no folhetim a meu respeito. Todos na redação mexiam comigo. Pois quando chegou o capítulo referente ao dia da minha visita, ele descrevia até o meu vestido, dizia que eu estava linda, fazia as referências mais gentis e carinhosas a meu respeito. Fiquei vaidosíssima, desafiando o pessoal, porque era eu a única pessoa de quem Humberto de Campos não falara mal nas suas *Memórias*!

Pois é, por aí se vê como é transitória a glória literária, principalmente a dos cronistas: ainda mais efêmera que a dos romancistas. Os livros de crônicas de Humberto de Campos, incluindo os que continham as memórias e que foram *bestsellers* à época, comentadíssimos em todo o Brasil, hoje em dia ninguém mais sabe deles, ninguém mais os lembra. Às vezes até me perguntam quem foi esse Humberto de Campos que tem nome de rua no Leblon. Real e injustamente, sua glória foi passageira demais.

Certa vez, Humberto me falou da moléstia da qual sofria e da qual morreu — chamada acromegalia —, doença que faz as extremidades do corpo, o nariz, o queixo, as mãos, os pés, crescerem desmesuradamente; é moléstia realmente estranhíssima, muito feia. E ele, que já era feio, ficou quase monstruoso. A propósito do seu mal, Humberto teve uma frase impressionante, que saiu nas *Memórias*. Dizia: "Eu tenho a impressão de que o meu corpo é um saco cheio de cacos de vidro."

Essa frase já estava na sua cabeça desde quando me recebera, reclinado numa poltrona. "Desculpa, Rachel, se não me levanto para te abraçar. Mas meu corpo me dói tanto que parece cheio de cacos de vidro."

Creio, pois, que ouvi de primeira mão essa frase, que ficou célebre quando publicada e que, segundo me disse um médico, descreve perfeitamente o mal terrível.

25

"Mar-oceano"

A nossa casa do Pici ficava numa espécie de vale, defronte ao nascente. Na parte de trás havia árvores e coqueiros e, mais ao longe, as terras altas da mata, tapando o horizonte, razão pela qual eu nunca via o pôr do sol. Mas, como acordava cedo, via sempre o amanhecer, desde os primeiros raios e, por fim, a claridade total entrando por gretas, portas e janelas — e o dia começava. E a menina, sempre sozinha, cuidava então de procurar os seus divertimentos, sendo as árvores o mais constante deles.

Longe de casa, numa das baixas frescas do sítio, havia as ingazeiras — árvores enormes, tronco difícil de subir e, lá em cima, as vagens de caroço carnudo e aveludado. A ingazeira era alta, de galhos frágeis, e mãe Titó, embaixo, se esganiçava: "Desce daí, menina, o que a madrinha (mamãe) vai dizer quando souber?" Chegava em casa, ia logo falando: "A neném não pode ir nas ingazeiras, no mesmo instante vai subindo, parece um macaco, o doutor mande alguém tirar os ingás, ela gosta muito e está na safra." Mas ingá tirado pelos outros fica diferente, com pouco a vagem murcha, não faz aquele crac quando quebra.

E havia as azeitoneiras na beira do açude, então nem precisava ninguém ir enredar: a língua toda roxa, por si mesma já denunciava. A proibição vinha em seguida à dor de barriga, mas nunca adiantou. (Só muito depois fiz a descoberta de que a verdadeira azeitona dá em oliveiras, uma árvore cinzenta e triste, para sempre associada ao monte e à morte de Cristo, que nada tem a ver com as nossas frondosas azeitoneiras — que, no Rio de Janeiro, chamam de jamelão.)

Também perto de casa havia o grande umbuzeiro esgalhado formando poltronas no alto, com encosto, braços e até apoio para os pés. Dali era só estender a mão e pegar as frutas, muito azedas, e ficar sentada, balançando as pernas, pensando na vida. Pois aquela menina pensava muito na vida. Não no que faria quando crescesse, pois crescer não entrava nas suas cogitações. Pensava no quê, então? Difícil acompanhar o labirinto na cabeça de uma menina que mal sabe ler, mas vive cercada de livros, de gente a falar sobre livros e sobre assuntos acima do seu conhecimento. Sei que gostava muito de olhar as nuvens — nuvens soltas, brancas, passando rápido, dando a sensação de movimento e vertigem, como se as nuvens estivessem paradas e ela, a voejar nas alturas. Também pensava muito em barcos, botes e canoas, tudo o que servisse para navegar: o apito de um navio que ouviu uma vez lhe deixou marca profunda; e foi a visão mais linda da sua vida — aquele grande navio branco que passava ao largo; nem que se deparasse hoje com uma nave extraterrestre teria tão forte impressão.

Além das nuvens e dos navios, pensava a menina, sobretudo, no mar; o mar-oceano, expressão que a irmã gostava tanto de usar. Bom, ela não tinha o mar, mas tinha o açude bem ao pé de casa. Esse é um caso à parte, pois era ao redor, ou dentro dele, que sua vida se explicava. O Açude. Cada hora um jeito diferente, a água lisa e opaca em dias sombrios ou crespa e luminosa quando vinham as rajadas de vento. Era imperioso espadanar a água só pelo gosto de ver as gotas iridescentes contra o sol da tarde. De noite sonhava sair voando pela casa, acordava, continuava a impressão: acho que tantas horas passadas dentro d'água faziam o corpo se desacostumar com a lei da gravidade e ele já não sabia se estava dormindo ou flutuando.

Um dia, não morri por pouco, presa sob uma balsa. Pois no açude havia sempre uma balsa, ou de troncos de bananeira só para divertimento ou feita de toras de timbaúba, mais duráveis, para uso dos pescadores. Foi uma dessas que encontrei boiando, solta, lá onde a água era mais funda. Estava coberta de touceiras de aguapé que os homens haviam arrancado ao limpar as margens — os longos caules sinuosos espalhados ao redor, adejando na superfície da água. E agora, nadar sob a balsa era descoberta nova: eu mergulhava, ia, voltava, tomava fôlego e mergulhava outra vez.

E num desses mergulhos, bem no meio do percurso, as longas embiras dos aguapés foram me enlinhando e quanto mais eu me debatia mais elas me enroscavam o corpo, pareciam cobras. No pescoço, nas pernas, nos braços, elas se enrolavam e me prendiam. Até que com os dentes, com os pés, com as mãos ainda livres, cortando, quebrando, afrouxando aquele abraço, consegui me desvencilhar e botar a cabeça fora da água. Mas ninguém soube, ninguém viu; e senti que se contasse iria sugerir a palavra perigo, que nunca fora mencionada. E desencadearia todos os medos reprimidos de minha mãe e as proibições performáticas de meu pai.

Havia um banheiro na margem do açude, construção meio esquisita: um vão coberto de telhas, fechado com porta e chave na parte da frente; paredes nas laterais e totalmente aberto no terceiro lado; uma escadaria avançava pela água, os últimos degraus já no fundo, onde não mais dava pé. Por aquela escada eu entrava no açude, sem pisar na lama, muito devagar para não perturbar a superfície espelhada que refletia o céu. Era uma sensação estranha mergulhar naquele céu às avessas a que o chão escuro do fundo dava dimensão infinita.

Do outro lado havia o canavial, esse sim, cheio de perigos, pois as folhas da cana cortavam como navalhas; e havia cobras, guaxinins e formigas vermelhas mordedeiras, que nos deixam o corpo todo empolado. Mesmo assim, vez por outra, a menina se aventurava, seguia João Alexandre, o Mouco, que lhe escolhia as touceiras especiais de cana seda, ensinava as diferenças, a demerara, doce e dura, a POJ, que só serve para engenho, a caiana, cultivada só de amostra; João Alexandre tudo explicava, pois era apenas surdo e não mudo.

Ao meu redor, o bagaço da cana chupada se espalhava, por isso diziam: parece um guaxinim! Comida de sal nem pensar. "Essa menina não vai se criar, só vive de cana e fruta brava." Mas se criou e decerto, por todas essas circunstâncias, sempre soube lidar com as águas, com as árvores e com a solidão.

26

Sacco e Vanzetti

Foi a história da execução de Sacco e Vanzetti a primeira grande emoção política por que passei — eu fizera dezesseis anos. Você, Isinha, tinha nascido e era a coisa mais linda do mundo. Parecia uma mocinha em miniatura. Miniatura de uma mulherzinha. Nós estávamos morando numa casa que pertencia a um sr. Piquet — devia ser ancestral do Piquet da Fórmula 1.

Já tínhamos comprado o Pici e estávamos na fase de transição, de mudança. Eu já era muito politizada e o grande escândalo político da época fora a execução, nos Estados Unidos, dos anarquistas Sacco e Vanzetti. Mamãe e eu acompanhávamos, pelos jornais (não havia rádio ainda lá em casa), os telegramas que chegavam, via Western, pelo cabo submarino. Foi quando aprendi a dizer Massachusetts, uma palavra quase impronunciável...

Bom, "a justiça implacável de Massachusetts" condenou mesmo e executou os dois anarquistas. Foi, como eu disse, a primeira grande reação libertária que tive por minha conta, sem ser induzida por ninguém — pelo contrário, fui eu que induzi mamãe.

Na noite da execução nós sabíamos que na hora tal os dois seriam mortos na cadeira elétrica. Não fizemos o desconto do fuso horário, nem nos lembramos disso. Ficamos numa espécie de vigília esperando a meia-noite, ou seja, a hora da execução. E deu-se então uma coincidência muito curiosa: a luz elétrica de repente apagou, lá em Porangaba, onde morávamos. E os jornais diziam que a luz teria que baixar, no presídio americano, por causa da grande carga que a cadeira elétrica exigia. Tivemos então a impressão de ser aquilo o sinal de que eles estavam morrendo e eu me pus a chorar, aos soluços. Ainda recordo, com força, essa cena de choro e essa emoção.

Claro que, nesses tempos, os grandes vilões para nós eram os americanos: eram eles que tinham preconceito racial, eram os que matavam os anarquistas italianos, eram os que consideravam os imigrantes cidadãos de segunda classe; e também se vivia lá, então, o auge do banditismo em Chicago.

Engraçado, a questão social nos Estados Unidos nunca teve importância para nós. Relações de trabalho, greve, salários, jornada de operários não eram devidamente debatidos por nós. A sociedade americana, no seu todo, é que nos horrorizava. Veio a Grande Depressão de 1929, começaram os suicídios, os ricos na miséria, e a gente achava que era um castigo de Deus, que eles mereciam. Quando Roosevelt apareceu, foi como uma espécie de messias salvador. Era o que esperávamos que aparecesse também aqui no Brasil: um outro Roosevelt, sem os defeitos e as origens do primeiro, mas que fosse aqui o que ele era para os Estados Unidos.

Logo mais surgiu o nome de Hitler e a gente começou a ler o noticiário sobre os nazistas. Já então havia rádio. Hitler começou a aparecer em princípios dos anos 1930. Mas, antes, ele já estava agitando pela Europa — o *Mein Kampf* fora escrito em 1924; nós, porém, aqui não acompanhávamos com grande interesse as coisas da Alemanha, embora já se fizessem lá os preparativos para a guerra. Estávamos envolvidos até o pescoço — eu, por exemplo — com stalinismo, trotskismo, marxismo. Entrei para o Partido Comunista em 1931. Hitler assumiu a chancelaria em 1933. Afinal, o marechal Hindenburg, aquele velho cabeça de ferro, acabara lhe entregando o poder. Na noite da transmissão do cargo, informada do que se passava, também chorei.

Foram assim duas noites que passei em claro e em pranto por motivo político: no dia da morte de Sacco e Vanzetti e no dia da posse de Hitler. Nós, os "comunizados", não tínhamos bem noção do que fosse aquilo. Mas lêramos um livro muito importante, *Alemanha fascista ou soviética*, escrito por um trotskista. O movimento operário na Alemanha era muito amplo e Hitler o esmagou. Era na Alemanha que tinham vivido os grandes líderes do trabalhismo, um trabalhismo muito mais sofisticado do que o comunismo russo.

Hitler, no começo, não parecia um fenômeno tão ameaçador, devido talvez à propaganda que se fazia contra ele, levando a ridículo o seu bigodinho, a sua oratória feroz, o seu teatralismo. E o homem era, realmente, uma figura grotesca. A gente tem uma tendência para minimizar o inimigo que nos ameaça. Depois, havia o fenômeno da China, havia o Japão, havia o grande drama do Kuomitang; e havia Mussolini solto na Itália, cometendo já as maiores barbaridades, mas também muito bufo, muito dó de peito, tal como o colega alemão.

E assim as pessoas não centralizavam as suas paixões no drama da Alemanha. Nós, porém, os trotskistas, logo tivemos noção da importância da pregação nazista. Depois, para mim, havia, ainda, outro lado: eu sempre fui muito ligada aos judeus. Quando trabalhava com os trotskistas em São Paulo, nos "grupos idiomáticos", já eu tinha vários amigos judeus. E a perseguição a eles começara muito cedo naquela chamada "noite dos cristais", quando Hitler soltou as suas hordas para quebrar todas as vidraças de judeus, em Berlim. Nós líamos tudo a respeito.

Em 1939, quando cheguei ao Rio de Janeiro e fui trabalhar no *Diário de Notícias*, à noite a gente se reunia — Evandro Moreira Pequeno, Barreto Leite Filho, Alfredo Lage, Osório Borba, Raul Lima e outros — e ia tomar canja no Café Globo. E o simples noticiário do jornal não nos satisfazia. Era durante o desenrolar do pacto de Munique, quando Neville Chamberlain, o primeiro-ministro inglês (um pacificador), foi a Munique preparar com Hitler um tipo de acordo; saiu de lá triunfante. Parecia que haviam armado uma espécie de trégua, que, aliás, não durou nada. Pouco depois rebentou a primeira invasão hitlerista, a dos Sudetos.

Aqui no Brasil a nossa situação era terrível porque estávamos em pleno Estado Novo. E nós, os intelectuais de esquerda, os escritores, os jornalistas, éramos exatamente os mais massacrados. Aqueles que tinham se comprometido no *putsch* de 1935 ainda estavam presos.

Em julho de 1940, Getúlio foi ao Amazonas e lá fez um discurso atacando as democracias "carcomidas" e afirmando que a grande força estava com os governos autoritários. Era uma declaração de fé fascista. O Brasil estava tão esmagado, tão manietado que não houve nenhuma convulsão ante o discurso do ditador, embora a revolta das pessoas fosse muito grande. Realmente, tudo o que houve aqui durante os governos militares, a tortura, os assassinatos, os desaparecimentos de pessoas etc., não chegou àquele clima de terror que atravessávamos durante a Segunda Grande Guerra; principalmente porque não havia para nós, no ambiente internacional, nada que denunciasse as iniquidades que se cometiam no Brasil. Nós também sofremos muito, então.

Grande escândalo foi, para nós, o pacto germano-soviético, o pacto de aliança de Stálin com Hitler. E nós, os trotskistas, só faltávamos matar os stalinistas. Pois os nossos "ortodoxos" ficaram com Stálin: "... porque era o grande líder da esquerda, não podiam dividir forças etc."; aceitavam tudo servilmente, caninamente, como nós dizíamos.

Então começaram as vitórias alemãs: primeiro, Bélgica, Holanda. Depois, Dinamarca, Suécia, a Noruega toda.

Há sobre esse episódio da conquista da Noruega um livro belíssimo de John Steinbeck, *A longa noite sem lua*. A tradução de Monteiro Lobato é ainda mais bonita do que o original. É um livro que eu amo muito. Conta a invasão dos nazistas a uma pequena aldeia norueguesa.

Mas não se perdia a esperança: na França, a linha Maginot parecia uma segurança intransponível. Na Bélgica, dominava a lembrança do rei herói, o rei Alberto, que nunca se rendera aos alemães, na outra guerra. A Bélgica fora então esmagada, mas o rei Alberto nunca se submeteu. Agora, dizia-se que o novo rei, Leopoldo, filho do rei Alberto, era nazista. E a verdade é que, quando os alemães lá chegaram, ele pediu paz e entrou em acordo.

27

A guerra

A 21 de maio de 1941, como todo mundo sabe, a França caiu vencida por Hitler. Acabou-se então aquilo que se chamou a *drôle de guerre*, porque durante os dois anos anteriores a França não lutara, sentindo-se segura, por trás da linha Maginot. Os alemães, antes, iam ocupando várias regiões, começando pela Polônia e se espalhando pela Europa oriental. E depois, assinado o pacto germano-soviético, Hitler pôde então se dedicar ao Ocidente. Invadiu a França em fins de 1939, contornando a linha Maginot (que os franceses imaginavam intransponível...). Nós, no Rio de Janeiro, acompanhávamos tudo pelo rádio. Só se vivia em torno do rádio. Só se pensava nisso. Pelo menos as pessoas mais politizadas.

Já os Estados Unidos tiveram que entrar na guerra em dezembro de 1941, quando os japoneses atacaram Pearl Harbor. Até então os americanos estavam neutros, embora, é verdade, se tratasse de uma "neutralidade complacente".

A 31 de maio de 1941, os alemães invadiram inesperadamente a Rússia: ainda cruzaram com os trens soviéticos que levavam carvão e mantimentos para a Alemanha, já que os russos cumpriam fielmente o pacto assinado com Hitler.

A ofensiva hitlerista contra a Rússia se operou do norte até o mar Cáspio. Uma ofensiva dupla: os exércitos nazistas se abriram como pinças; os alemães conseguiram chegar até os subúrbios de Moscou em seu avanço. Mas surgiu então o "general inverno", que foi a salvação dos soviéticos — como o fora durante a invasão napoleônica, mais de um século antes. Dizem que muitas populações da União Soviética, pelo menos da Ucrânia, aderiram aos invasores, já que se consideravam vitimadas por Stálin.

Tudo isso que hoje todo mundo sabe nos vinha pelo rádio, principalmente pela BBC. As outras rádios não eram confiáveis: Portugal estava vendido aos alemães, com Salazar, como também a Espanha de Franco e a Itália de Mussolini.

No avanço alemão foram tomados os Bálcãs; metade da França foi ocupada, ficando só a parte sul com Pétain, que dava porto livre aos alemães, permitindo-lhes contato com o resto do mundo. Lisboa também era porto livre. Portugal nunca se declarou em guerra, era neutro, pois convinha mais aos alemães ter aquele porto. Seria a coisa mais simples ocupar Portugal. Mas não o fizeram, reservando Lisboa para lhes servir de porto neutro.

E os ingleses, até então isolados, só quando entraram os americanos na guerra puderam se sentir mais fortes na sua heroica resistência.

Hitler, além do mais, não mostrava o menor respeito pela neutralidade de nenhum país. Nossos navios, por exemplo, estavam sendo afundados e muitos brasileiros morreram nesses naufrágios. Cerca de uma dúzia de navios de passageiros foram atacados pelos submarinos alemães; mas o Brasil não entrou logo no conflito. Só se declarou em guerra em 1942, por pressão da população; e Getúlio Vargas, como todo líder carismático, tinha que se mostrar sensível às pressões populares. A nossa população foi, pois, à rua exigir a entrada na guerra, emocionada, principalmente pelo afundamento dos navios brasileiros. Getúlio acabou aceitando declarar guerra — timidamente, é verdade, mas declarou. E abriu para os americanos o "trampolim da vitória", representado pela base aérea de Natal, de onde partiam os aviões para a África do Norte, de lá abrindo caminho para a invasão da Europa. Como todo mundo sabe, cruzaram o Mediterrâneo, foram subindo pela Sicília, a Itália. O desembarque na Normandia só se deu em 1944, e a vitória final em 1945. Cinco anos de guerra, de agosto de 1939 até o desembarque na Normandia. Ninguém acreditava mais nessa vitória. Esperava-se a toda hora que Hitler desembarcasse na Inglaterra. E parece que ele esteve perto disso. Mas não irei fazer um resumo desses cinco anos. Há milhões de livros hoje a respeito da guerra e do nazismo.

O caso é que também aqui, no Brasil, a gente viveu e sofreu na carne. A guerra estava muito perto. Vimos brasileiros morrendo. Como todos os jornalistas brasileiros, a guerra era o nosso tema principal. Naquele meu livro *A donzela e a moura torta*, há uma série de artigos que escrevi para o *Correio da Manhã*, entre eles a crônica "Carta a um soldado", onde me dirigi aos nossos pracinhas.

Ao chegar aqui, em 1939, comecei a escrever para o *Diário de Notícias*. Fazia um artigo por semana: artigo, conto, o que eu quisesse. Depois, tive convite para o *Correio da Manhã*; logo já escrevia não só para o *Correio*, como também para *O Jornal*, *O Estado de S. Paulo*, e para um jornal que fundamos aqui, *A Vanguarda Socialista*, que era a voz dos trotskistas. Seu redator-chefe era Mário Pedrosa. (Dei uma coleção completa da *Vanguarda*, que ganhei de um amigo, à filha de Mário, Vera Pedrosa.)

Ao entrarem os americanos no conflito, Hollywood dedicou-se em massa a filmes de guerra. E então foi uma fase muito engraçada, do namoro dos americanos com os soviéticos, seus aliados. Faziam-se filmes de heroínas soviéticas e de heróis de guerra — mas dentro da concepção de Hollywood. Os japoneses eram monstrinhos amarelos, os alemães as bestas louras; enquanto os soviéticos eram os fiéis e heroicos aliados. Houve um filme, *A estrela do norte*, em que a heroína era uma grande espiã russa, que acabava, porém, "convertendo-se" e sacrificando-se.

Então veio o presidente Truman. O último ato público de Roosevelt fora a Conferência de Yalta, com Churchill e Stálin. (Churchill e Roosevelt detestavam De Gaulle; custaram muito a reconhecê-lo, e só se conciliaram com o chefe francês por questão de estratégia; aliás, De Gaulle reciprocava a hostilidade.)

A Conferência de Yalta, além de ser o último ato público de Roosevelt, realizada já depois da vitória, foi também, ao que se diz, a ocasião para Stálin dar o seu grande golpe político. Fez com que Roosevelt e Churchill cedessem em tudo "entregando a rapadura" completamente a Stálin. Basta dizer que chegaram a ponto de combinar com os russos sua entrada em Berlim em primeiro lugar. Os exércitos americanos poderiam ter alcançado Berlim antes dos russos, mas o general Patton, comandante geral das forças aliadas, foi obrigado a parar e esperar que a tropa soviética entrasse, antes dele, na capital nazista.

Acabada a guerra, deu-se a partilha da Europa. A Rússia botou a pata de urso em cima de toda a Europa oriental. E por isso foi deflagrada, sob o governo de Truman, entre americanos e soviéticos, a guerra fria, que desandou no macarthismo, e acabou-se a alegria.

Para contrabalançar a influência da Rússia, os americanos inventaram o seu grande Plano Marshall e fizeram chover dinheiro sobre o inimigo vencido. Com isso, promoveram a reconstrução e o renascimento da Alemanha, como promoveram o renascimento do Japão vencido. Não foi um milagre do povo alemão, nem houve um milagre do povo japonês. Foi um milagre do dinheiro americano.

Aqui no Brasil, em Santa Catarina, principalmente no vale do Itajaí, no Rio Grande do Sul e numa parte do Paraná, nas chamadas colônias alemãs, houve apoio aos nazistas. Mas, engraçado, não foram eles que criaram o nosso integralismo. O integralismo (nome do fascismo brasileiro) começara com Plínio Salgado, mais ou menos em 1924-26. E o primeiro lugar onde houve movimento fascista, no Brasil, foi no Ceará, a Legião Trabalhista Brasileira, chefiada pelo então coronel Severino Sombra. Usavam uniforme fascista, camisa de mescla azul, saudação fascista, o grotesco *anauê* e tudo o mais do estilo.

Dom Helder Câmara, que então ainda não era bispo nem "dom", tirava a batina para vestir a camisa verde; e, nessa época, padre só andava de batina. E a gente sendo ferozmente comunista, nesse tempo, imagina as brigas que não se armavam. Era muito animado.

Plínio Salgado conseguiu que o integralismo se espalhasse pelo Brasil inteiro. Dizia-se que era subvencionado pela Alemanha, pela Itália. Não se sabe, é possível que viesse algo de lá. Pelo menos teoria, ideologia, isso veio. Os grupos — os "quistos" alemães, como eram chamados — em Santa Catarina eram abertamente nazistas. Faziam marchas militares, as sociedades de tiro se transformaram em verdadeiros tiros-de-guerra. E nos mapas de então — os mapas de Hitler — representando a América Latina, o sul do Brasil era mapeado como "território alemão".

Os fascistas italianos de São Paulo já invadiam os grandes jornais da colônia. Havia, por exemplo, em São Paulo, *A Fanfulla*, um jornal todo em língua italiana. No sul, em Blumenau, em Pomerode, nas áreas dos alemães do Rio Grande do Sul, também havia a imprensa das colônias. Lembro-me de uma criada do ex-ministro Vítor Konder, que vinha de Blumenau, Santa Catarina: uma negra tipo africana pura que não falava uma palavra de português, só alemão. Konder era ministro da Viação de Getúlio. Uma grande figura, muito simpático. Casado com uma alemã cujo pai era tão nazista que, diziam, tinha fotografia de Hitler até no banheiro.

Quando o Brasil entrou na guerra, Getúlio, que antes hesitara em tomar posição, se integrou completamente com os aliados. E então a repressão contra os nazistas foi tão violenta quanto o fora antes contra os comunistas. Ele já tinha *know-how* no assunto. O jornal *A Fanfulla* foi fechado. O clube italiano Palestra Itália se transformou no Palmeiras. Houve uma "defascistização" geral do Brasil. Pomerode, assim como outras cidades, só para dar um exemplo, teve de mudar o nome para Rio do Testo.

Getúlio, é claro, fez a coisa à moda dele. Para reprimir os "quistos" de Santa Catarina, ainda rebeldes, mandou batalhões de nortistas, devidamente insuflados contra aqueles "gringos". E então a repressão contra os tais "quistos" foi qualquer coisa de bárbara. Os soldados iam até os cemitérios e os túmulos que tinham as lousas escritas em alemão eram quebrados à coronha de fuzil. Havia lá gente que não sabia falar português. Os alemães locais, alegando que o governo não dava escolas, criavam escolas por conta própria, e todas ensinavam em língua alemã, usando livros alemães. Parece que lá eles se consideravam realmente alemães. Uma vez eu e Oyama passávamos por Pomerode e encontramos um sujeito de pés descalços, chapéu de palha, louro, evidentemente com cara de alemão. Oyama indagou de um caminho, um lugar que ficava a uns dois quilômetros de distância. O homem respondeu: "Não sei".

Oyama disse:

"Você é alemão?"

"Sou, sim, senhor. Sou alemão."

"Você nasceu na Alemanha?"

"Não, senhor!"

"Seu pai nasceu na Alemanha?"

"Não, senhor."

"Seu avô nasceu na Alemanha?"

"Não, quem nasceu lá foi meu bisavô."

"Seu avô, seu pai, você nasceram aqui, e você é alemão?"

Ele exemplificou: "O gato que nasce no forno não é biscoito."

Era a mentalidade deles. E Getúlio, para corrigir esses "infiéis", mandou os batalhões de "nativos" da Paraíba, Piauí, Ceará, Rio Grande do Norte, Pernambuco, Sergipe, Bahia, para esmagar mesmo. Prendeu-se, bateu-se. Os gaúchos defendiam sua germanidade racial e contra eles se usavam os nortistas. Aliás, quando da revolução de 1932, o governo já recorrera aos batalhões nortistas para ocupar São Paulo. Os ditos batalhões nordestinos, vindos da Bahia para cima.

Nesse tempo o Brasil era um arquipélago, onde a comunicação se fazia por mar. Não existia, praticamente, comunicação terrestre. Só entre Recife, Fortaleza e Patos, na Paraíba, havia trem. O Nordeste era, pois, uma das ilhas desse arquipélago. Com o Sul, a gente só se comunicava por navio. E quando os alemães acabaram com nossos navios, foi uma tragédia. E, de certa forma, foi isso também que desencadeou o crescimento da malha rodoviária que temos hoje.

Em 1943 fomos, Oyama e eu, do Rio a Fortaleza "por terra". Levamos dezessete dias de viagem. Saímos daqui para Belo Horizonte em trem de bitola larga; de Belo Horizonte até Pirapora em trem de bitola estreita. Daí por diante foi uma viagem épica.

Tínhamos estudado muito os mapas: vimos qual a travessia mais rápida que se poderia fazer. Papai estava doente, precisávamos ir vê-lo, os aviões não davam prioridade a civis, e os navios não navegavam mais. Assim, levamos uma noite de trem do Rio a Belo Horizonte, outra noite, ainda de trem, até Pirapora. Em Pirapora tomamos um navio gaiola. Descemos o rio São Francisco durante dez dias, até Juazeiro, na Bahia. Não havia ainda a ponte Juazeiro-Petrolina. Atravessamos, portanto, em balsa, o rio (que lá é muito largo) até Petrolina, no outro lado. Em Petrolina tomamos o caminhão, o famoso caminhão do seu Silveira, e levamos quatro dias para chegar ao Crato. Alcançamos o Crato cinco minutos antes de partir o trem. Só corriam, então, naquela linha, dois trens por semana; por causa da guerra, o combustível era racionado. Em todo o país se racionavam também a manteiga, a carne, o açúcar.

Tomamos, portanto, o trem no Crato, que fazia em dois dias a viagem a Fortaleza. Passamos pelo Junco, o pessoal de lá tinha sido informado e, assim, estavam nos esperando, Pedro Alves, Perpétua, Marizinha, todos os caboclos, na estação. Choramos quando nos abraçamos. No décimo sétimo dia foi que desembarcamos em Fortaleza. Sim, dezessete dias de viagem.

Viagem, aliás, cuja direção inverti em *Dôra, Doralina*. Não sei se você, Isinha, se lembra da travessia que descrevo no livro, com a Companhia, que parte de Recife e sobe o "Velho Chico" em navio. Na verdade copiei todos os incidentes daquele percurso: era como se o fizesse outra vez.

Aqui no Brasil a situação estava muito ruim. Não havia ainda indústria nacional em escala suficiente. A gente até então era habituada a comprar tudo do estrangeiro. Não se tinham boas bebidas brasileiras, não se tinham bons tecidos brasileiros, não se tinha maquinaria brasileira. Imagina, nem máquina de escrever! Rubem Braga fez uma crônica sonhando com o dia em que se abrisse a porta do carro e dissese: "Que tal esse seu 'Pereira'?" "Não, este 'Braga' aqui é muito melhor, é marca muito mais confiável!"

Sim, a indústria automobilística ainda era um sonho para nós. Isso em 1945, 1950. Precisou vir o Juscelino, que foi realmente quem deu o grande impulso à industrialização. E também precisou vir o governo militar, porque parece que só com ditadura se faz, se exige, se obriga e se desvia tanto dinheiro público.

Na época da guerra, o Brasil ainda era, pois, dependente do estrangeiro. A Argentina era quase um Estados Unidos em relação a nós. Era a grande civilização sul-americana. As sedas argentinas, as manufaturas argentinas. Afinal, com a falta de produtos industriais de importação, o Brasil teve que se virar sozinho. Aliás, todos os países sul-americanos viviam sob restrições. Por exemplo, como não havia gasolina, tinha-se que andar em carros movidos a gasogênio. E havia até piadas: "O que é que a tartaruga disse para o gasogênio? — Ah, com brasa no rabo até eu corro!"

Para viajar de avião era preciso arranjar a tal "prioridade". Os aviões eram pequeninos, da Nyrba, e faziam a rota pinga-pinga, pelo litoral, de cidade em cidade. Só depois vieram os aviões maiores, da Panair.

28

A base aérea

Em começos da década de 1940, papai recebeu uma proposta de compra para uma parte do Pici. A parte fronteira, não produtiva, como se diria hoje — nem mata, nem plantação, onde só, tempos atrás, fora cultivada alguma mandioca, mas nem para isso a terra dava.

Havia no Pici, cortando a frente, uma demarcação histórica que nada tinha a ver com os limites reais do sítio, apenas o atravessava, mas que, para nós, era uma espécie de símbolo, meio mítico: "as trincheiras". Trincheiras de verdade, cavadas no tempo dos rabelistas, para defender a capital contra a invasão dos jagunços de Juazeiro. Nunca foram usadas, ao que sei. Mas estavam lá, respeitadas, como o local de algum antigo culto de missa negra. Aquelas valas fundas, que nem chuvas nem ventos conseguiram aterrar. Até o mato que cresceu por lá não conseguiu disfarçar a depressão do terreno.

Os compradores queriam adquirir as terras limitadas por essas trincheiras. Mas assim não podia ser: as trincheiras eram um marco, estavam muito próximas de nós, faziam parte do sítio.

Como a nossa situação financeira não andava muito bem (com a entrada em funcionamento das novas máquinas a diesel diminuíra drasticamente, no junco, o fornecimento de lenha para a Estrada de Ferro), papai, depois de muita hesitação, num impulso quase dramático para todos nós, resolveu vender aquela parte do Pici, não como os homens queriam, mas só a faixa de terra que ficava lá longe, fora das vistas dele. É verdade que, todo dia, a caminho da cidade, teríamos que atravessá-la, pisar em chão onde já não poderíamos cavar, jogar pedras, fazer uma casa ou um castelo, pois seria terra alheia e a isso a gente não estava acostumada. Mas de qualquer forma esse braço do Pici foi vendido.

Meses depois o Brasil entrou na guerra e então soubemos que naquela faixa de terra e mais nas de outros proprietários — inclusive terras do asilo, pegando o cemitério dos doidos — seria construída a base aérea americana. Logo foram iniciadas as obras de desbastamento e terraplanagem e, não tardou, os americanos começaram a aparecer. Primeiro os técnicos e engenheiros, e em seguida os soldados. Aos poucos foram tomando chegada lá em casa e, através de intérpretes, fazendo amizade com papai, a quem pediam licença para percorrer o sítio, alegando a necessidade de conhecer as vizinhanças da base, a direção dos ventos e das águas; mas, na verdade, faziam um mapeamento de toda a região.

Papai, grande conversador que era, recebia todos, explicava o que eles queriam saber e indagava sobre as coisas da guerra — provavelmente muito mais informado do que eles, pois o doutor Daniel era um profundo conhecedor de história, passada, recente, atual. Os reis da França eram seus íntimos, os ingleses, seus irmãos; nas guerras, em todas elas, ele sofreu fome e frio junto com os soldados, participou de todos os tratados, sangrou em todas as traições. Essas longas conversas que deixavam tontos os *intérpretes deviam, decerto, surpreender os americanos, quase todos muito jovens.*

Enquanto isso, o contingente de soldados ia aumentando. Fortaleza parecia estar no centro das operações de guerra. Aliás, estava mesmo, pois de lá, da nossa base, é que partiam os cargueiros, os bombardeiros, os Catalinas, num pouso intermediário entre os Estados Unidos e as frentes de batalha na África e na Europa. Tão valentes, tão entusiasmados, tão dispostos a enfrentar a morte; de arma branca, porém, eles tinham medo. E os nativos logo descobriram essa fraqueza. Perto do grande portão de entrada da base, se aglomeravam os botequins, frequentados pelo pessoal da terra, os caboclos, as mulheres. De vez em quando surgia uma arruaça, e, na discussão, um bêbedo mais afoito começava a dizer impropérios — já com algumas palavras em inglês —, e então os soldados, os guerreiros, se aproximavam, de fuzil e baioneta, para acabar com o distúrbio. Contudo, bastava um caboclo, por mais mirrado, desdentado e amarelo que fosse, tirar a faca do cós e com ela riscar o asfalto da estrada e os soldados se afastavam, recolhiam-se para dentro do seu aramado e ficavam de lá, em guarda, porém a uma distância prudente.

Para o nosso pessoal — nós todos, os nativos —, os americanos eram uma espécie de extraterrestres, tão diferentes, tão altos, louros na maioria, mas, principalmente, de difícil comunicação.

Um dos nossos, um pedreiro que trabalhara para eles na fase da construção da base, vinha nos perguntar "por que aqueles homens tinham uma fala tão esquisita? Até as coisas mais bestas, que todo mundo sabe dizer, doutor — prego, martelo, parede —, eles não aprendiam e não adiantava ensinar que eles continuavam dizendo tudo errado!"

Na verdade, não havia grande simpatia pelos americanos. As moças que andavam com eles, "moças coca-cola", como eram conhecidas, passaram a ser malvistas e discriminadas pelas famílias e pelos rapazes da terra. Contudo, muitas se casaram com os estrangeiros, foram para os Estados Unidos e de lá, tripudiando, mandavam retratos na frente de suas casas de jardim gramado ou, arrasando de vez, manobrando o seu trenó na neve.

Devo aos americanos, entretanto, uma das emoções mais fortes da minha vida. O dia tinha acabado de clarear quando chegou um dos moleques da casa, esbaforido, cinzento de susto, dizendo que tinha uma coisa lá para os lados da base, dava para ver da parede do açude. Corri, fui ver o que era. E lá estava ele, o blimp, *que eu conhecia apenas de fotografia, e assim mesmo conhecia só do seu irmão maior, o Graf Zeppelin. Estava ancorado, ou seja, amarrado aos postes ou que nome tenha aquilo onde se amarram os* blimps, *adejando ao vento, prateado, luminoso, refletindo o sol da manhã. Subi num galho de cajueiro, ao pé da parede do açude, e lá fiquei, talvez horas, no medo de que aquela visão fosse uma miragem, podendo, portanto, desaparecer a qualquer momento. Mas não desapareceu.*

E depois desse vieram outros, de dois, de três, que passavam em revoada sobre a nossa casa, a gôndola quase roçando a copa do pé de cedro, tão baixo que, de bordo, os rapazes acenavam e nos jogavam revistas e jornais americanos.

Com essa história de blimp, *Rachel escreveu uma crônica muito bonita chamada "Tangerine girl", mas que pecou pelo exagero na licença poética. Nesse tempo eu era apenas uma garota e, além disso, também não gostava dos americanos. Acontece que a boa ficção tem muito mais peso do que a modesta realidade, e o fato é que todo mundo acreditou no que ela contava.*

Rachel e Maria Luiza.

Dr. Daniel de Queiroz.

Dona Clotilde.

Dona Clotilde e dr. Daniel.

Em sentido horário, os irmãos: Roberto, Flávio, Maria Luiza, Luciano e, ao centro, Rachel.

Mãe Titó.

Dr. Daniel, na fazenda do Junco, Quixadá, Ceará, 1947.

Dona Clotilde e dr. Daniel.

A família Queiroz, 1920. À extrema esquerda: Pedro Alves; ao seu lado, tio José; ao centro, dona Clotilde. À extrema direita, sentado: dr. Daniel; atrás, Arcelino; ao lado Rachel e vozinha Rachel.

Dona Clotilde, Rachel e a irmã Maria Luiza, 1928.

Dona Clotilde, Rachel (à direita) e Roberto, 1914.

Maria Luiza e Luciano no Pici, Fortaleza, Ceará.

Fazenda Califórnia, a casa de 85 portas, Quixadá, Ceará.

A casa do Pici.

Rachel no Pici, 1938.

Rachel com Maria Luiza.

Rachel com Luciano.

Rachel como Rainha dos Estudantes, 1929.

Rachel ao receber o Prêmio Graça Aranha pelo romance *O Quinze*.

Rachel em Itabuna, Bahia.

Maria Luiza e Roberto no
Rio de Janeiro, 1939.

Redação do jornal *O Ceará*: dr. Daniel, dona Clotilde,
Rachel e Suzana de Alencar Guimarães.

Lívio Xavier com Clotildinha, filha de Rachel.

Dona Clotilde, Rachel e Maria Luiza,
no Rio de Janeiro, 1940.

Rachel e Maria Luiza, no Junco.

Maria Luiza na fazenda Arizona, Quixadá, Ceará.

Dona Clotilde, Rachel e Maria Luiza, na casa da Ilha do Governador, Rio de Janeiro, 1950.

Oyama e Flávio, filho de Maria Luiza.

Oyama e Rachel com os irmãos Daniel e Flávio.

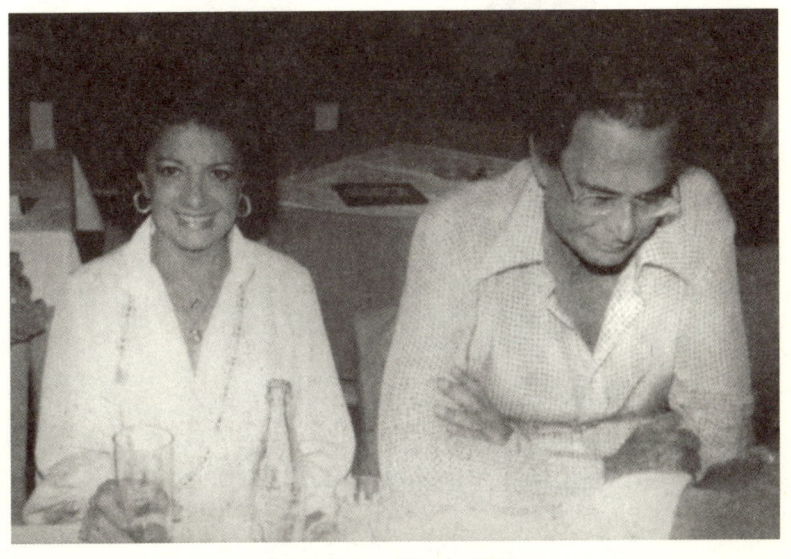

Maria Luiza e Namir, 1971.

Maria Luiza, Flávio e Daniel.

Rachel e Oyama na Ilha do Governador, 1943.

Rachel e Oyama na casa da
Ilha do Governador.

Oyama e Rachel na Cascatinha,
Rio de Janeiro, 1940.

Oyama e Rachel com os índios, em Goiás, 1950.

A fazenda Não Me Deixes, Quixadá, Ceará.

A fazenda do Junco.

A estação de trem do Junco, hoje Daniel de Queiroz.

Rachel na fazenda Não Me Deixes,
Quixadá, Ceará, 1968.

Rachel e Maria Luiza na fazenda
Não Me Deixes.

Rachel e o pessoal da fazenda Arizona, Quixadá, Ceará.

O amigo e editor José Olympio.

Rachel e Daniel Pereira, irmão do editor José Olympio, 1960.

FAZENDA NÃO-ME-DEIXES
DE RAQUEL
NO CEARÁ QUE É SÓ
UMA TERRA MUITO ILUMINADA
DE SOL
E DE
GENTE.

Desenhos de João Guimarães Rosa para Rachel.

VIVA RAQUEL

Guimarães Rosa
em 7.III.67

Rachel e Austregésilo de Athayde, 1977.

Rachel e José Américo de Almeida no dia da posse na
Academia Brasileira de Letras, agosto de 1977.

Posse de Rachel na Academia Brasileira de Letras, 1977.

Rachel e Maria Luiza com Ana Tereza, agosto de 1987.

Ana Tereza, neta de Maria Luiza.

O que nunca pude perdoar à guerra e aos americanos foi ter sido a base aérea causa e começo da decadência do Pici. Com eles lá, asfaltada a velha estrada de terra, instalada energia elétrica, as terras vizinhas foram ocupadas, e nelas bairros novos e desorganizados começaram a surgir. O baixo comércio de bodegas e botequins prosperou e o Pici acabou por ficar encravado no meio daquela população oportunista e voraz. Pessoas estranhas entravam sem pedir licença e, nos fundos das terras, as cercas eram violadas, o arame cortado e roubado. Tiravam madeira da mata, entravam de noite para pescar no açude, pegavam frutas no pomar. Os mais atrevidos chegavam de foice no ombro, dizendo que precisavam de folhas de coqueiro para cobrir as casas que construíam em terrenos desocupados. As queixas dos moradores não paravam, muitos deles aliados aos recém-chegados, servindo de guias, talvez na ideia de também construir a própria casa, ficando assim livres da servidão de morador.

Acabada a guerra, a base virou aeroporto internacional, todo o movimento bem próximo da gente, a bem dizer à nossa porta; e então não deu mais para segurar. Tivemos que vender o Pici.

29

Viagem à Europa

Em 1950, em pleno rescaldo da guerra, fomos pela primeira vez à Europa, num avião Constellation. Por toda parte encontravam-se marcas da destruição. Mas também já havia muita coisa restaurada e, nas casas, muitos novos telhados vermelhos.

Fomos, Oyama e eu, direto a Paris, depois ao sul da França. De trem até Gênova, e de lá para Roma, Florença etc. Não quisemos ir a Veneza. Tomamos um trem até a Suíça, fomos para Lugano, fomos a Berna. Eu me recusei a entrar na Alemanha: ainda estava com muita raiva de alemão. Voltamos para Dijon, porque Oyama queria ver os rastros de Carlos o Temerário. E demos com um hotel lá em Dijon, o Hôtel de la Cloche, onde havia um encanamento, pequenininho, pelos quartos. Pensei que fosse carbureto. Oyama abriu a torneira e era vinho. Vinho da Borgonha encanado no quarto! Dizem que, nesse hotel, ainda hoje existe aquele encanamento de vinho, em todos os quartos. Oyama ficou maravilhado, acampou ali mesmo e não queria sair de lá.

Aliás, esse período nosso na Europa foi uma sorte inesperada. Todo mundo, depois da guerra, já tinha ido à Europa e nós não, porque não se tinha dinheiro, claro. Eu escrevera um artigo na revista *O Cruzeiro*, muito lamentoso, dizendo que todo mundo ia à Europa, só eu que não ia. Como no verso de Tomás Ribeiro, que diz: "Eu nunca vi Lisboa e tenho pena", no artigo eu dizia: "Eu nunca vi Paris e tenho pena..." A maior choradeira. Mas eis então que o nosso ministro do Exterior, Raul Fernandes — um dos grandes amigos que tive na vida (ele e d. Lucie) —, mandou me chamar lá no ministério e falou que "era um absurdo" nós não conhecermos a Europa.

Raul Fernandes era uma lenda viva, uma dessas pessoas que não existem mais, uma "reserva moral", como se usa dizer. Um homem extraordinariamente inteligente e brilhante. Como chanceler, nos chamou no seu gabinete e declarou: "Olha, eu vou arranjar uma comissão para Oyama ou para você que lhes permita irem à Europa."

Era então o governo do general Dutra e eu falei: "Dr. Raul, comissão deste governo?..."

Ele disse uma brincadeira: "Deixe de ser carbonária!"

E eu: "Não, é sério, o senhor sabe que sempre combati o general Dutra."

E era verdade. Eu dizia horrores de Dutra, e hoje me arrependo. Por isso, na época achavam que eu era partidária do brigadeiro. Mas eu não era partidária de ninguém, era mesmo franco-atiradora. Nunca fui da UDN. Era apenas contra Getúlio. Porque Dutra foi a alma danada da ditadura getulista: o poder militar que ele garantia permitiu o Estado Novo, e o seu governo funcionava, então, como uma espécie de transição.

Contava-se que Getúlio, conversando com Dutra, lhe dissera: "Eles estão querendo que eu chame fulano para presidente, que indique sicrano, que indique beltrano, e até indique o senhor, general..."

E então o general Dutra se levantou, fez continência e falou: "Aceito e agradeço."

Fora, então, assim que ele saíra candidato. E dizia-se também que Getúlio ficara uma onça, pois dissera aquilo apenas dando um exemplo.

Voltando à viagem: então, o dr. Raul disse: "Bem, nesse caso, vocês consigam o dinheiro, que eu vou providenciar passaportes, cartas de recomendação, algumas facilidades e arranjar as passagens com a Panair."

Nós tínhamos um dinheirinho, mas ainda estava pouco. Então Leão Gondim, presidente de *O Cruzeiro*, primo de Assis Chateaubriand (que o pôs na revista), me chamou: "Eu soube que você vai à Europa. Por que não me faz agora, para aproveitar, o romance-folhetim que estou lhe pedindo há não sei quanto tempo? Basta que deixe dois capítulos prontos, que eu publico nas vésperas de você chegar."

Deixei alguns capítulos prontos, como garantia, e recebi adiantados cinquenta contos, que era um bom dinheiro, como preço total do folhetim. Foi *O galo de ouro*, depois publicado em livro pela José Olympio.

Morávamos, então, na Ilha do Governador, para onde tínhamos nos mudado, Oyama e eu, em começos de 1944.

Essa viagem à Europa foi uma glória porque Oyama estava em perfeita saúde. Ele tinha então trinta e oito anos e eu, trinta e nove (era mais novo do que eu nove meses). Já tínhamos quase dez anos de casados.

Saímos daqui em julho. Viajamos direto para Paris. O Constellation decolava do Rio, tocava em Dakar, Lisboa e Paris: eram vinte e quatro horas de viagem.

Fomos para um hotelzinho, Hôtel Vernet (que ainda hoje existe, perto da Étoile), que tinha uma saída para os Champs-Elysées e outra para a rue Vernet. Perto, na rue Vernet, ficava o bar de, Oyama descobriu, Georges Carpentier. Carpentier fora o grande campeão de boxe francês no passado. Teve a última luta — memorável — com o americano Jack Dempsey, na qual foi vencido. Assisti a essa luta no cinema, papai me levou. Carpentier era lindo, um Apolo. Dempsey era feiíssimo, enorme, arrasou com o francês. Eu até chorei de pena. E, imagine, encontrar o Carpentier em Paris, já envelhecido, mas ainda bonito e dono de um bar!

Chegamos, mortos de fadiga, assim pelas dez, onze horas da manhã. Fomos para o hotel, entregamos as bagagens. Tínhamos comprado um milhão de francos no câmbio negro, porque não se podia sair com dinheiro daqui. A gente entregava o dinheiro aqui no Rio, não recebia o menor documento, dava o nome do hotel e a hora em que o avião deveria chegar a Paris. Aqui no Rio o sujeito que nos comprou os cruzeiros — sem um papelzinho, sem nada — nos disse: "O sr. Maurice vai procurá-los em Paris." Quando chegamos a Paris, Oyama já estava certo de que haviam roubado o dinheiro. Ele era pessimista, desconfiava do gênero humano. Eu disse: "Olha, Oyama, não foi com um judeu que a gente fez o negócio? Então fique tranquilo."

Realmente, às onze horas da manhã, à hora aprazada, chega ao hotel Messieur Maurice, vestido de preto, com uma pastinha na mão. Entregou a Oyama três envelopes, contendo ao todo um milhão de francos. Tudo isso sem o menor documento.

Era domingo em Paris. Guardamos o dinheiro no cofre do hotel e fomos dormir. Acordamos às duas horas da tarde, nos vestimos e saímos pela porta dos Champs-Elysées. Defronte estava o Fouquet's. Nós estávamos com uma fome desgraçada, mas já com o bolso cheio de francos. Fomos, pois, para o Fouquet's. Depois soubemos que era um restaurante de luxo, caríssimo. Na hora simpatizamos, nos pareceu até simplezinho. Comemos e bebemos, uns grelhados muito bons, os vinhos ótimos; saímos de lá trambicando, completamente bêbados. Voltamos para o hotel e dormimos até as oito horas da noite. Chegáramos em julho, ainda estava fresco. Descemos para a rua, Oyama chegou à porta, olhou, respirou fundo e disse: "Gosto desta cidade."

Grande favor estava fazendo! Perguntei: "Pra onde é que nós vamos agora?"

E ele: "Para o Folies Bergères."

"Por quê?"

"Hoje é domingo. Vamos ao Folies Bergères."

Então, Oyama, que nunca tinha estado em Paris, sem perguntar nada a ninguém, me levou direto ao Folies Bergères. Não tomou táxi. Já sabia ir lá. Ele tinha um instinto de ave migradora para enfrentar cidades desconhecidas.

Achei muita graça quando, antes, nos sentamos no Fouquet's, o garçom veio com o cardápio e Oyama disse: "*Auparavant, le vin*". *Auparavant* não se diz. É uma palavra em desuso, que quer dizer *antes*. Ele estava certo, mas é como se o sujeito dissesse: — "Mandai-me, senhores..." Completamente arcaico. É claro que o homem entendeu e trouxe o vinho que ele queria; mas ficamos brincando, de vez em quando, com esse *auparavant*.

Ficamos uns quinze dias em Paris. Depois nos mudamos desse hotel para um outro, ótimo. Era o Victoria Palace, no Quartier Latin, que era para onde a gente queria ir, já no Rio. Um hotel de inglesas velhas, muito bonzinho, simpático e mais barato.

Nós estávamos com bastante dinheiro, porque, além daquele milhão de francos, já no Rio vínhamos trocando em dólares todo dinheiro em que pegávamos.

Dias depois resolvemos ir para o Mediterrâneo; tomamos o Flèche d'Or, um trem que se chama "Mistral" quando vai para o sul. E aí demos a nossa única mancada nessa viagem: eu ia com uma carta de Jean Manzon nos dando uma recomendação especial para o Serviço de Turismo Francês. E a mulher do Serviço de Turismo nos botou no Flèche d'Or, arranjou um desconto de passagem fabuloso e nos mandou para um hotel em Avignon. Desprezamos o circuito turístico, que deveria nos levar a Nice. Preferi Avignon, cheia de reminiscências históricas, a cidade dos papas.

Com aquela recomendação de Manzon, fomos levados para um hotel que era uma maravilha. Móveis antigos, quadros, jardins. Hôtel de Rome, creio... Era lindo e caríssimo. Passamos dez dias lá. E à saída, quando Oyama pediu a conta, o gerente disse: "Mas não vai ter conta. Monsieur e madame são hóspedes do governo francês."

E a gente não comia no fabuloso restaurante do hotel, não pedia um copo de vinho, fazíamos o mínimo de despesa (apesar disso, comíamos maravilhosamente na rua). O governo deve ter achado que foram os hóspedes mais baratos que eles tiveram na vida. Jean Manzon era muito meu amigo e fez essa gracinha.

Vizinha ao hotel havia uma cave onde um sujeito vendia carvão e vendia também, em pipas, sabe o quê? O Châteauneuf-du-Pape. Era um mutilado de guerra, um homem dos seus quarenta e tantos anos que fez com Oyama uma amizade fraterna, uma dessas amizades de bêbedo. E para arrancar Oyama da cave, quase pegada no hotel, era um inferno.

Oyama afundava lá, os dois abriam a pipa, pegavam o canjirão, enchiam e ficavam traçando o Châteauneuf-du-Pape. Só isso! Você imagine... Uns tira-gostinhos que eles arranjavam, uns salames, uns patês trufados, e aquele pão!

Ele bebendo e eu passeando ali por perto, vendo as coisas que já conhecia de leituras. Quer dizer, ele também tinha interesse, saía comigo, mas quando voltava, ia direto, não queria nem subir para o hotel. Direto para a cave. Não me lembro do nome do homem. Vendia vinho e carvão. As mulheres iam lá comprar vinho em canjirão. Descia-se por uma rampinha. Quando se defrontava com a cave, a gente só via os olhinhos do *mutilé*, pareciam os de um rato no buraco. Aqueles olhinhos brilhando, movidos a Châteauneuf-du-Pape...

Em Avignon fazíamos ponto, de onde saíamos passeando pela costa sul da França que, como se sabe, é muito bonita.

Fomos a Nice, a Nîmes, andamos ali pela embocadura do Ródano, andamos por toda aquela parte da Provença, principalmente pelo campo. Era tempo de pêssegos, os pomares separados por cortinas de pinheiros, anteparo contra o mistral, aquele vento gelado; estivemos nos Alpilles, o começo da cordilheira dos Alpes. Passamos uns vinte dias por ali, depois tomamos um trem para a Itália. Acontece, porém, que na França todo mundo anda — ou andava então — de segunda classe. A gente ia comprar passagem de primeira classe e as vendedoras diziam que era loucura, desperdício, então se comprava de segunda, até para a Itália. Enquanto estávamos em território francês, tudo bem. Mas quando atravessamos a fronteira italiana, começou a entrar mulher com trouxa, menino chorando, e a coisa foi ficando abominável; aquele cheiro de suor de gente mal lavada, um verão terrível de quente; tivemos afinal que mudar para a primeira classe, pagando o suprimento de passagem.

Fizemos todos os passeios clássicos; em Roma, ficamos num hotel muito simpático, o Boca de Leone, um antigo palácio adaptado, perto da praça de Espanha. Nosso banheiro, por exemplo, parte dele parecia ter sido uma sala, com colunas de mármore, cheias de dourados. E, improvisado naquele cenário, um banheiro muito vagabundo, com louças ordinárias.

Em Roma o mais sensacional, além dos passeios, foi a visita ao Vaticano: fomos numa quinta-feira e não sabíamos que era o dia de visitação pública, de entrada com desconto. O museu do Vaticano ficou naquele dia tão terrivelmente cheio que, na Capela Sistina, no meio de um calor diabólico, eu calmamente desmaiei, numa crise de intermação. Oyama estava longe, a multidão nos separando. Ele me viu cair e ficou gritando lá de longe sem poder me socorrer — isso ele me contou depois. Quando acordei, estava nos braços de um daqueles guardas suíços, um suição enorme, muito bonito, vestindo a farda desenhada por Rafael. Só que ele cheirava tanto a alho, um odor tão repugnante que, acho, foi o que me acordou do desmaio.

Vimos o papa a distância; era o grande Pio XII, um papa muito da minha admiração.

Dom Helder dizia que tinha muita esperança de que eu me convertesse quando chegasse a Roma. Mas, na verdade, nunca estive tão longe de Deus quanto em Roma. Porque lá, aquela massa de riquezas, aquelas igrejas suntuosíssimas, o peso monumental da Igreja de São Pedro, afastam a gente de qualquer ideia de espiritualidade. Só em outras cidades, as pequenas igrejas, as capelas, essas sim, transmitem a ideia de religiosidade. Além do mais, Roma ainda estava excessivamente impregnada pelo fascismo, que lhe deixara muitas marcas — era 1950 —, e, assim, não me deslumbrou como eu esperava.

Nova decepção foi com o Fórum Romano. Eu fazia dele uma outra ideia, não sei bem qual. E achei tudo muito confuso, muito espalhado, muito escavacado; não dá uma impressão suntuosa de conjunto. A gente sente apenas respeito por aquelas pedras veneráveis. Quase que só isso.

Verdade que sou má viajante; creio que por causa dos meus olhos míopes nunca tenho uma visão panorâmica das coisas. De Roma ainda lembro com profundo desagrado o monumento de Vittorio Emmanuele, de mau gosto, feito, creio, durante o período do fascismo. Tem-se a impressão de que aquilo está sujando, maculando Roma.

Fomos depois para Milão; lá, vimos o lugar onde enforcaram Mussolini. Depois Florença, Gênova etc.

Entramos na Suíça por Lugano, visitamos Berna, que adorei. Berna, a cidade dos ursos, que é o seu animal tutelar. Não gosto de urso, mas gostei de Berna. Oyama é que tomou grande antipatia pela Suíça, por causa da mania de limpeza do pessoal. Estávamos num trem e ele deixou cair no chão um pouco de cinza de cigarro. No mesmo instante veio um homem com aquela vassourinha mágica, limpou o fragmentozinho de cinza, olhou reprovativamente para Oyama e nos deu as costas.

Passamos em Genebra, fui atrás das lembranças da imperatriz assassinada, Sissi, vagueamos por ali; voltamos depois à França por Dijon e nos hospedamos naquele famoso hotel em que já falei, onde havia um encanamento de vinho para os quartos. Seguimos depois para Paris. Ficamos num hotel delicioso, onde passamos um mês; então fomos para Londres.

Em Londres — Oyama tinha feito questão de ir, eu nem tanto, pois estava muito bem em Paris —, pegamos um hotel muito simpático, cheio de criados que se vestiam de libré verde, importantíssimos.

Chegamos pelas dez da noite. Oyama me agasalhou no quarto, que era muito confortável, e então falou que eu ficasse descansando que ele ia descer para tomar um uisquinho no bar. Dentro de dez minutos voltou, injuriadíssimo, porque os homens o tinham mandado embora do bar. Deram-lhe um uísque para tomar em pé, que o tal de bar ia fechar. Ele então resolveu sair (eu avisei que tudo devia estar fechado). Acontece que encontrou uma farmácia, dessas abertas dia e noite, tipo *drugstore*. Indagou se tinham uísque. A mulher olhou para a cara dele e perguntou se ele era estrangeiro. Oyama, já danado, respondeu: "A senhora está vendo." E ela então disse: "Porque se o senhor fosse inglês eu chamava a polícia..."

Em Londres ainda havia muitas marcas da guerra, muita coisa destruída, muita coisa demolida e incendiada. Em Paris, muito menos. Afinal, Paris nunca fora bombardeada como Londres. E já os ingleses tinham começado a restaurar a cidade. Nos arredores, que os bombardeiros alemães tinham arrasado, já se via muita parede reconstruída, mas também muitas marcas da guerra. Na Itália, principalmente no campo, viam-se casas bombardeadas, igrejas, conventos. Vimos, destruído, o famoso Convento de Monte Cassino.

Quando chegamos à Europa, em 1950, descobrimos que, por toda parte, a guerra era assunto tabu. Os próprios mutilados não gostavam de falar das suas feridas, heroicas ou não

Tentei perguntar, falar sobre as famosas histórias de colaboracionismo, mas todo mundo se fechava. Ficamos com a impressão de que a coisa tinha sido muito mais profunda do que eles davam a entender para os de fora. O próprio governo de De Gaulle procurava camuflar e maquiar os fatos. Do que ainda se falava muito, na França, era da Resistência. Havia placas na rua, em lugares onde tinham morrido resistentes; não havia, contudo, nenhuma discussão franca, aberta, sobre os problemas de colaboracionismo, Vichy etc. Não encontramos franceses que quisessem conversar sobre esses assuntos. É verdade que nesse tempo a gente falava só com desconhecidos, o pessoal dos hotéis, dos restaurantes. Hoje, que tenho amigos franceses e que tenho a confiança deles, o que me contam é meio terrível. O colaboracionismo francês foi muito maior, muito mais profundo do que se pensa e se diz.

30

Rui Barbosa e Pedro Nava

Outro dia falou-se em Rui Barbosa e Isinha lembrou-se das minhas discussões com papai a respeito de Rui. Ele, fanático pelo baiano, e eu fazendo as piores restrições.

Não nos acertávamos. Eu até me controlava para evitar ofender papai. Mas Rui Barbosa é uma figura histórica e intelectual que nunca me despertou simpatia. Para mim, era o tipo do baiano exibido das caricaturas.

Papai, porém, adorava as histórias de Rui, como aquela de ter fugido das perseguições políticas, refugiando-se na Inglaterra, e lá alugado um apartamento, botando uma placa na porta: "Rui Barbosa — professor de inglês."

Enquanto papai contava essas coisas, eu ouvia quieta e distante. Ainda recordo vagamente o que se citava dos ditos da "Águia de Haia" contra, por exemplo, o marechal Hermes, ambos candidatos à presidência da República. O *Correio da Manhã* publicava diariamente uma seção "A última do Marechal", onde as piadas chegavam à indecência. Assim mesmo Rui perdeu a eleição.

No Ceará, Rui só ganhou a eleição na cidade de Canindé. E ele, então, da tribuna do Senado, percorrendo as estatísticas da votação, teve a frase: "Canindé, única célula viva naquele organismo morto!"

Outra frase de Rui, que papai repetia sempre, fora dita também em discurso no Senado. Alguém lhe dera um aparte: "Vossa Excelência o que quer é formar o seu partido." E ele trovejou: "Se eu fosse formar o meu partido, um partido que não prevarique, um partido que não minta, um partido que tenha a sua base na lei, eu te tomaria por patrono, ó Tiradentes, debaixo das tuas asas abertas, ó Liberdade, como garantia segura contra todas as opiniões!"

Papai recitava isso de cor.

Dizia-se que, quando Rui estava em Haia, brilhando muito, perguntaram a dona Maria Augusta, sua mulher: "Minha senhora, no seu país admiram extraordinariamente esse homem?"

E ela respondeu: "Não, no meu país esse homem é uma pessoa comum, há muitos iguais a ele!"

Falando em Rui, lembro de um episódio passado em visita ao nosso primo Pedro Nava, num verão que ele fora passar em Petrópolis, com Nieta, na casa do irmão dela, João Jorge. Esse irmão de Nieta era o então dono da casa em que morara e morrera Rui Barbosa, e eles costumavam mostrar para as visitas o quarto onde Rui falecera.

Chegou o carnaval, e fomos a Petrópolis buscar Nava. Mas não sei que iniquidades tinha ele cometido; o fato é que Nieta o pusera de castigo, sob o pretexto, para o prender, de que ele estava se preparando para fazer um concurso, ou defender uma tese — um trabalho intelectual importante. Sendo pleno carnaval, Oyama e eu estávamos resolvidas a sequestrá-lo de lá, pois em todos os carnavais a gente brincava em grupo. Mas justo no carnaval desse ano, por azar, fazia uma semana que morrera a cunhada de Nieta, mulher desse irmão, dono da casa. E Nieta, de luto, obrigara o pobre do Nava a ir com ela para a serra. Nós tínhamos ido passar o dia em Petrópolis, e lá, conforme combináramos, nos encontramos com Cavalcanti, isto é, Zozó, amigo-irmão de Nava. Combinamos então raptar Nava e, com ele, descer para o Rio.

Fomos, pois, à casa de Rui Barbosa. E lembro do momento em que Oyama começou a conversar com Nava, tentando seduzi-lo a ir conosco ao carnaval. E eu, para deixar Oyama à vontade, pedi ao cunhado que me mostrasse o quarto onde morrera Rui. Acontece que tinha sido o mesmo quarto em que, recentemente, morrera a mulher do dito cunhado. O homem bebia muito. De copo na mão, me levou lá para cima. Tinham desarmado a cama e havia uns caixotes enchendo o quarto. O viúvo sentou-se num dos caixotes, começou a lembrar a mulher, bebendo, e chorava que soluçava, falando ora na mulher, ora em Rui Barbosa. Eu, assustada, porque ele estava completamente bêbedo, sentado num caixote que obstruía a saída. Não me seria possível passar sem o empurrar. E eu não tinha coragem de ser rude; o pobre, na verdade, estava só chorando as mágoas, não estava me agredindo. Mas a gente ficar sozinha com um homem naquele estado, completamente bêbedo, é muito constrangedor. E continuei naquela situação até que Nieta calculou o que estava acontecendo e veio me libertar.

Continuamos a insistir em carregar Nava, mas Nieta não permitia de modo nenhum que ele nos acompanhasse, alegando o luto e os compromissos com a tese. Fomos embora e passamos então a telefonar para ele do restaurante onde almoçávamos. Zozó tomava a palavra contando que nós íamos para uma feijoada à fantasia em Caxias. E isso ainda não havia: a figura da feijoada à fantasia foi inventada nesse dia por Zozó. Mas essa feijoada nossa, que na verdade nunca existiu, teve um efeito fulminante. Eu dizia: "Nava, o Oyama e o Zozó não podem falar com você, estão me mandando dar os recados porque já estão muito bêbados." E Nava ficava num desespero horroroso. Depois, quando chegamos à Ilha, eles continuaram a telefonar, do nosso telefone, na nossa casa, dizendo para Nava a falta que ele fazia! "A feijoada aqui em Caxias está uma maravilha!"

Nieta posteriormente me contou que Nava só faltou lhe bater, recusou-se a estudar para a tese, trancou-se no quarto e passou mais de uma semana sem trocar palavra com ela. Só por causa dessa feijoada à fantasia, que, aliás, eu associo ao quarto onde morreu Rui Barbosa.

31

Nossa prima Aggith

"Quem quiser que goste deste apartamento, eu não gosto. Detesto." Isso era a frase de nossa prima Aggith, entrando no apartamento de mamãe, no Rio, na rua Paissandu, onde ela vinha se refugiar dos sofrimentos que padecia nas pensões em que sucessivamente morava. Aggith era filha do general Benévolo e de nossa tia — aliás, tia de mamãe — Maria Isabel.

Tio Francisco Benévolo se casou com tia Maria Isabel, única irmã de nosso avô Rufino Franklin. A família de meu avô já era voltairiana, sem nenhuma instrução religiosa. Tio Benévolo era positivista e líder republicano. Quando se proclamou a República, instituiu-se o casamento civil, e a família, não sei por quê, não queria que tia Maria Isabel se casasse com tio Benévolo. Mas como ela já tinha vinte e um anos, saiu de casa para se casar. Casaram-se no palácio do governo, na primeira cerimônia civil realizada no estado.

Tia Maria Isabel marcou esse recorde. Curioso ela ter se metido nessas enrascadas, pois era uma mulher extremamente tímida, discreta, pouco falava. Vozinha Maria Luiza contava que havia uma prima com o mesmo gênio e que as duas se gostavam e se visitavam muito. Chegava uma para o chá e as duas ficavam caladas, bordando. Na saída, a prima dizia: "Maria Isabel, amanhã venha mais cedo, para a gente conversar mais tempo." Era uma das brincadeiras de vozinha Maria Luiza a respeito dos silêncios de tia Maria Isabel.

Tio Benévolo morava na casa onde eu nascera, na rua Senador Pompeu. Essa era a casa dos avós de mamãe, o velho major Cícero Franklin e vovó Miliquinha. Nasci, pois, na casa de minha bisavó, já então viúva. Nós, com vozinha Maria Luiza, morávamos perto.

Quando colegiais, pelas três horas da tarde, nós — eu, Felipe e Roberto — fugíamos até lá para tomar um cafezinho com pão quente da Padaria Palmeira, para grande desconforto de mamãe, que nos proibia de tomar café preto e ficava zangada com aquele desrespeito à sua autoridade.

Tia Maria Isabel e tio Benévolo tiveram oito filhos e ele, dado a excentricidades, batizou os filhos com nomes estranhos que, dizia, tirara da Bíblia. Nunca ninguém foi conferir. É verdade que o nome de Aggith, a filha mais velha, fui encontrar mesmo na Bíblia. Depois veio Doride, que era um anjo de pessoa; Dabir, Naul (esse tirado de Nahum), depois Ondil, que era anagrama de Odilon, irmão ilustre de tio Benévolo; e Delne, Dalme e Helno, inventados.

Aggith foi sempre uma moça muito frágil, muito doente. Era um pouco mais velha do que mamãe. Quando mamãe se casou, Aggith teria uns dezenove anos. Tio Batista, irmão de papai, era médico já famoso como clínico; por isso mamãe resolveu levar até ele Aggith, em consulta especial. Tio Batista a examinou longamente e depois falou a papai: "Essa moça, só desmanchando e fazendo outra vez..."

Eram moças muito recatadas, muito magras, e Aggith era especialmente muito feiosa. Delne era muito bonita e Dalme também era bonitinha. Dona Elvira, tia delas, que era republicana, abolicionista histórica e professora de música, ensinou cada um dos sobrinhos a tocar um instrumento. Aggith e Doride tocavam bandolim, os outros, violino e flauta; uma família musical.

Tio Benévolo, como eu disse, era um homem muito excêntrico, muito esquisito, e eu tinha um medo enorme dele. A família morava na casa de vovó Miliquinha. Meu avô Rufino e vozinha Maria Luiza, com Cícero e Felipe ainda pequenos, moravam no sítio, a Monguba, longe da cidade. Por isso, mamãe, que morava no Junco, ou melhor, em Quixadá, onde papai era juiz substituto, foi ter a criança (eu) na casa da avó dela, vovó Miliquinha, perto de recursos médicos.

Voltando ao general Benévolo: era um homem magríssimo, esquelético, lembro-me dele deitado numa cama, sobre lençóis brancos, muito amarelo, cor de açafrão, cor de enxofre, e tinha uma barbinha. Eu sentia pavor especialmente das mãos dele, pareciam duas aranhas amarelas. Sofria de uma doença grave, acho que qualquer coisa de fígado, uma moléstia hepática. A última vez em que o vi foi quando voltamos do Pará.

Como eu disse antes, o meu avô Rufino era um homem muito inteligente, muito culto — mamãe adorava aquele pai: tinha uma fixação paterna tremenda e nos transmitiu esse amor. A gente adorava vozinho Rufino; lembro que ele nos dava lições de polidez de uma maneira indireta e discreta. Uma vez, no almoço, estava na mesa um prato de sapotis, e um desses sapotis era lindo, grande e maduro. Ele pegou a fruta e a pôs no meu prato. Eu falei: "Vozinho, esse sapoti é seu!" E ele respondeu: "Por quê?" "Porque é o mais bonito, o melhor e mais doce." E ele, muito sério: "Pelo contrário: você é uma moça (eu era apenas uma menina) e eu sou um cavalheiro. A mim, portanto, é que cabe lhe dar o sapoti." Fiquei orgulhosíssima e guardei a lição para sempre: as moças é que tinham o direito de receber as homenagens dos cavalheiros.

Vozinho lia muito, tinha livros e livros; e como depois que mamãe se casou moravam longe um do outro, os dois se correspondiam muito. Engenheiro de obras públicas, ele estava quase sempre viajando. Recordo uma carta dele para mamãe (estava abrindo uma estrada em Russas) onde dizia: "Agora já tenho um companheiro para conversar sobre livros. É Herman Lima, um jovem estudante que toma aulas comigo."

Eu achava graça quando Herman, sempre que conversava comigo, vinha falar no avô Rufino, e dizia: "Seu avô, como você se lembra, era um homem assim, assim", e fazia algum comentário elogioso sobre ele. Eu falava: "Não, Herman, eu não posso me lembrar. Quando nasci, meu avô já tinha morrido havia muito tempo." Mas não adiantava. Em outra vez, ele vinha: "Você se lembra daquela frase do seu avô?"

Mas continue a história sobre tio Benévolo, que também não conheci. Aliás, tem horas em que a nossa conversa me parece um desfile de fantasmas.

Bom, tio Benévolo: um dia nós estávamos brincando por lá, em casa dele. E decerto ele ouviu as nossas vozes e me chamou. Estava deitado, muito pálido, com aquelas mãos amarelas em cima do lençol; uns óculos de aro fino, de ouro, e a cara que me fazia medo. Eu me aproximei e ele falou: "Venha cá, venha cá, eu quero falar do seu avô" (que era cunhado dele). E então começou uma catilinária horrível contra o vozinho. Eu fui ouvindo pacientemente, depois fui ficando furiosa; afinal botei as mãos nos ouvidos e gritei: "Não quero ouvir o senhor falar mal do meu avô! O senhor é um homem muito ruim." E saí de lá batendo os pés. Quando cheguei em casa e contei o caso, mamãe ficou gloriosa, e vozinha também.

Tio Benévolo detestava todo mundo, tinha os ressentimentos mais inesperados e injustos.

Pois bem: Aggith era filha desse homem excêntrico, criada nesse lar. Não era um lar infeliz, porque tia Maria Isabel era inteiramente submissa ao marido, nunca se revoltou; vovó Miliquinha tinha raiva, mas não agia; vozinho mantinha-se a distância: ninguém brigava na família. Mas tio Benévolo oprimiu a família até morrer. Morreu relativamente moço, mas foi um alívio para os seus. Deixou soldo de general, que naquele tempo era muito bom. De forma que Aggith, como filha solteira, recebia uma boa pensão. Ficou em casa até os trinta, trinta e cinco anos, atormentando a família toda com o seu temperamento insuportável. Dava até uns ataques histéricos; assisti a alguns, deixavam-me fascinada.

Vovó Miliquinha já estava envelhecendo e tinha uma paixão comovedora por Aggith, que se aproveitava disso para espezinhar e maltratar vovó. Eu lembro que uma vez fomos lá, mamãe e eu, e encontramos Aggith segurando vovó pelos ombros (vovó Miliquinha era uma velhinha extremamente frágil, muito magrinha e pequenina), sacudindo-a e gritando: "Velha, você é a minha asa negra!"

Mamãe, que adorava vovó — avó dela —, segurou uma cadeira e partiu para cima de Aggith. Aggith largou vovó e, antes de mamãe a agredir, caiu no chão com um ataque histérico. Eu, que via pela primeira vez um ataque histérico, fiquei encantada. Ela agitava as pernas no ar — nesse tempo as saias ainda eram compridas — e as saias lhe caíam abaixo dos joelhos. Me lembro perfeitamente das pernas secas de Aggith calçadas com meias pretas de fio da Escócia.

Olhei para a cara dela e vi que estava com um olho fechado e outro aberto, esperando mamãe. Quando mamãe se afastou um pouco, Aggith olhou para mim e perguntou: "Ela saiu?" Eu respondi: "Não, está ali." Recomeçou então o ataque histérico.

Aggith criava uma menina chamada Ana. Essa Ana tinha a cabeça pelada, era uma moleca muito sem-vergonha, que Aggith oprimia e maltratava, mas que tinha um espírito indomável. Basta dizer que, todas as manhãs, Aggith lhe dava seis ou oito bolos de palmatória — "preventivos" — por conta das iniquidades que a menina fosse cometer durante o dia. Tínhamos, certa vez, vindo do sertão e passado uns dias na casa de tia Maria Isabel; quando eu e mamãe estávamos arrumando a mala para voltar, Ana, que andava por ali em volta, disse: "Coitadinha, vai embora." Mamãe falou: "Coitadinha de você, que vai ficar aqui nas unhas de Aggith." Ela riu: "Dona Clotilde, eu me viro." Sabe Deus o que ela estava tramando. Realmente, ninguém dominava Ana.

Bem, Aggith continuou a atormentar intoleravelmente tia Maria Isabel, Delne e Doride — principalmente Doride, coitada, mas essa ficou noiva de um bacharel com quem se casou, foi feliz e teve muitos filhos. Aggith perseguiu esse casamento como nenhum marido ciumento, nenhum pai carrasco persegue um namoro; insultava Manuel (o noivo da irmã) sem motivo nenhum — devia ser inveja —, e Doride, muito tímida, vivia se escondendo. Para ela poder se casar, precisou mamãe interferir, vindo do sertão. Obrigou Aggith a engolir o casamento — prepararam escondido todos os documentos e só no dia da cerimônia mamãe avisou a Aggith: "Doride vai se casar hoje."

Aggith deu os maiores escândalos, deu ataque, gritou como louca e a pobre da Doride teve que se casar nesse clima de terror; não pôde nem preparar enxoval nem nada. E quando o casal teve o primeiro filho, o menino nasceu grande demais (ainda não eram comuns as cesarianas) e Doride teve um parto dramático, sofreu horrores. Aggith só chamava esse menino (até ele ficar adulto) de "o monstro". E continuou dando ataques, perseguindo, infernizando a vida de todo mundo — era uma criatura realmente abominável. Quando, depois de certo tempo, o pessoal não estava aguentando mais, resolveu-se mandá-la para a casa de um irmão, Dabir, que estava casado, morando no Rio. Ela adorou o Rio. Mas quando começou a infernizar demais a vida do irmão, a cunhada Neverita, uma moça muito simpática, muito amável e muito decidida, chamou-a e disse-lhe que ela não podia mais ficar com eles e que fosse para uma pensão.

Começou então o longo currículo de Aggith em pensões, o qual durou até morrer, com quase oitenta anos.

Ficava ela então por aquelas "pensões familiares" do Catete e contava horrores das donas das pensões, as brigas, os rolos que tinha com as mulheres. Não comia nada — me lembro de um prato de comida dela lá em casa: alguns caroços de feijão e mais ou menos uma colher de sobremesa de arroz. Na própria casa dela, da mãe dela, em vez de comer na mesa grande, junto com a família, exigia uma mesinha só para ela, num canto da sala, porque tinha se acostumado a comer assim em pensão. A comida também vinha em pratinhos, como os de pensão, separada da comida dos outros. E ela se sentava de costas para as pessoas que estavam na mesa grande. Também marcava hora certa para as refeições. Se atrasavam, escrevia a carvão nas paredes da sala em letras enormes: "Já são doze horas e ainda não me serviram o almoço. Diabo, diabo, diabo!"

Quando a coisa ficava demais, despachavam-na novamente para o Rio. E, embora hospedada em pensão, se punha a atormentar, incansável, o irmão, a cunhada e a outra irmã, Dalme, que morava com eles.

Há uma história de Aggith que hoje já posso contar. Ela descobriu o amor com mais de cinquenta anos. Até então era donzela, lacrada, oficial. Mas então, no meio da soltura de costumes que havia pelo Rio, já nos anos 1940, ela arranjou um namorado, sargento da Marinha, chamado Oliveira. Conheceu esse homem não sei onde, talvez em viagem de bonde; apaixonou-se por ele e topou uma aventura que durou enquanto ele quis, depois a abandonou. E ela me contava, com a maior candura, as cenas de amor deles: que ele a punha nua na cama para olhar a sua "bonequinha branca". Ela era mesmo muito branca, mas até onde seria bonequinha, não sei. Contava que ele era um mulato escuro, paraibano. Acho que só eu sabia dessa história, talvez mamãe também, mas a mim ela fez as confidências mais amplas. Tinha muito medo de ter filho. E eu dizia: "Você não pode mais ter filho, pois já passou dos cinquenta anos." Ela ficava furiosa e dizia que ainda não tinha essa idade, não! Mas já devia ter, sim, cinquenta e tantos.

Uma das artes mais curiosas de Aggith: ela estava morando numa pensão do Catete e marcou viagem para o Ceará. Nós fomos acompanhá-la a bordo. E ela então nos contou que a dona da pensão (que, aliás, era boa para ela, fazia-lhe os chás, dava os remédios, Aggith era a típica hipocondríaca), mas nos contou quando já estávamos no táxi para levá-la ao navio, que a dona fulaninha lhe pedira que levasse uma encomenda, um presente para a filha dela, que morava em Fortaleza.

"Mas eu não trouxe. Botei em cima do guarda-roupa e fingi que me esqueci." "Mas Aggith", eu disse, "essa mulher não era tão boa para você, sempre não lhe tratou quando você estava doente? Como é que faz uma coisas dessas?"

"É. Mas eu sofri muito naquela pensão. Você não sabe os trotes que eu recebia naquele telefone dela!"

32

Arraia

A única vez que me lembro de Luciano ter ficado, não digo zangado, mas irritado comigo foi na história da arraia. Arraia, pipa, papagaio, como queiram. Ele era um excelente construtor de arraias e me ensinou a arte. Fazíamos delas lindas, pura maravilha multicor, usando na armação finíssimas varetas de bambu (que ele preparava no maior capricho com canivete e lixa), o papel colado com grude de goma bem cozida, a rabiola de retalhos coloridos, linha número zero — que eu pensava ser essa a sua exclusiva serventia. Exagerei um pouco, disse que fazíamos, mas na verdade eu apenas ajudava ou, pelo menos, não atrapalhava. Pronta, a arraia era solta no pátio, onde não havia nem fios nem árvores para impedir o seu voo, a não ser que soprasse algum vento estranho e a tirasse do rumo, embaraçando a linha nos galhos do grande pé de cedro, ao lado da casa. Aliás, por falar nisso: o cedro é uma árvore nobre, imponente, madeira das mais apreciadas, mas no tempo da floração não tem quem aguente. O cheiro forte é desagradável e nauseante, você *fica pedindo a Deus que aquela cascata branca acabe de uma vez e seja varrida para longe. Fora o cedro, portanto, não havia empecilho para que as arraias subissem e adejassem lá no alto, no céu sempre limpo onde voavam — eu gostaria de dizer gaivotas, mas eram mesmo urubus.*

Um dia parece que a mosca azul mordeu Luciano: tentando experiência mais ambiciosa, comprou papel manilha, linha poderosa de não sei que número e construiu uma arraia de um metro de envergadura, duas rabiolas, varetas resistentes, enfim, uma potência de arraia. Fomos para o descampado que ficava atrás do baixio, terreno alto onde apenas restavam alguns pés de mandioca raquítica. Luciano marcou a corrida, deu espaço e foi soltando a linha. A arraia dançou, tremeu, mergulhou uma vez, se aprumou e subiu — e foi subindo, as bandeirolas roncando como um motor, os retalhos colorindo o céu, até chegar a uma altura em que soprava o vento de rajadas, que lá é constante. Foi então, quando a arraia ficou louca, pedindo linha e querendo a imensidão, que as mãos de Luciano começaram a sangrar. Com dificuldade ele conseguiu amarrar a tal linha num pedaço de madeira roliça que já trouxera para esse fim. E então foi o erro dele: me deu para segurar o rolo de madeira enquanto ia firmar mais seguramente a linha num tronco caído que havia perto. Não sei o que ele esperava. O empuxo foi tão grande que me arrastou por bem uns dez metros e acho que se continuasse segurando a linha eu iria voar junto com a arraia; era como um gafanhoto puxado por um zepelim.

E foi-se a arraia. O resto do novelo enganchou-se numa moita; aquela linha tão grossa quebrou-se como um fio de cabelo, a arraia disparou, ainda foi vista por muito tempo, até sumir contra o sol poente.

Nessa época Luciano devia ter uns quinze anos e eu uns oito. Chegando em casa, nem eu contei das mãos feridas dele, nem ele do meu corpo machucado no arrasto por cima de pedras e garranchos.

Desde esses tempos, sempre fui cúmplice de Luciano, das suas extravagâncias, dos riscos que corria, ele que tinha o coração doente — cardiopatia congênita, diagnosticada logo cedo por nosso tio Batista —, um fantasma com que ele nunca soube conviver. Não podia ter emoções fortes, não podia fazer exercícios violentos. Mas, escondido de mamãe, ele fazia tudo.

O primeiro sinal sério, ou pelo menos visível a todos, foi durante uma Copa do Mundo — aquela em que jogaram Leônidas e Perácio —, quando ele ouvia a partida colado no rádio. Suas mãos estavam trêmulas, o rosto lívido, a boca arroxeada. Foi preciso arrancá-lo de lá, dar-lhe água com açúcar, fazê-lo deitar; mas acho que ainda não foi nesse dia que se ligou uma coisa à outra. Atribuiu-se tudo à sua exagerada paixão por futebol, ao lance que fora realmente de perder o fôlego e àquela sensação meio esotérica de estar tudo aquilo acontecendo lá, na distante Europa, e a gente escutando no Pici através do primeiro rádio que tivemos e só instalado havia poucos dias.

Com o tempo, a doença de Luciano se agravou (nessa época ainda nem se sonhava com operações do coração).

Luciano morreu a bordo de um navio, em águas da Bahia, quando o trazíamos de Fortaleza para tentar um tratamento no Rio.

Estava com vinte e oito anos.

33

Califórnia

O velho Miguel Francisco de Queiroz, fundador da fazenda Califórnia, o tio Miguel de papai, começou a situar a fazenda sob a invocação de São Francisco. Estava naquela paixão, construindo a casa da fazenda, que mais tarde deixaria de ser a "casa-grande", suplantada pela que o avô Arcelino fez no alto, para além do sangradouro do açude. Casa, aliás, que o dr. Arcelino deixou sem os arremates finais, por ocasião da sua morte em 1895, e que agora, depois da desapropriação pelo Incra, está indo abaixo por criminosa indiferença da "comunidade".

Tio Miguel terminava o grande açude, abria a rua, levantava a escola e a igreja, quando um primo (marido da famosa d. Libânia, minha personagem em *O Quinze*, com o nome de d. Maroca das Aroeiras), Dadá, estava também situando a fazenda dele, a Flora, e havia grande ciumada entre os dois fazendeiros. Nesse tempo, meados do século passado, eram descobertas as famosas minas da Califórnia, nos Estados Unidos, muito faladas nos jornais, cujas riquezas espantavam o mundo. Então o coronel Dadá mandou um recado para o velho Miguel: "Como vai o seu Miguel com a sua Califórnia?" E tio Miguel respondeu: "Diga ao Dadá que muito obrigado. Eu estava precisando de um nome para a fazenda e agora já tenho: São Francisco da Califórnia."

Isso foi por volta de 1840, 1850. A igreja foi inaugurada em 1852, ano em que a nossa avó Rachel nasceu. A igreja, pelo menos, ainda está lá, intacta. O que se acabou de todo foi a "casa da rua" — a antiga sede da fazenda. Depois que vozinha Rachel morreu, como já contei antes, o pessoal começou a escavacar a casa velha, atrás de botija de ouro com que alguém tinha sonhado; nunca acharam nada e acabaram derrubando o casarão de taipa. Além disso, porém, nosso avô Arcelino fizera a sua casa-grande, a casa em forma de "agá", mais distante do arruado, a cavaleiro do açude.

34

Uma conversa

Péssima coisa é isso de ser a caçula, a pequenininha, a "rapa do tacho", como vocês diziam. Você, Rachel (ou melhor, minha Teté, como sempre lhe chamei, e sei que é ridículo, na nossa idade, mas é assim), você teve sempre os começos, a fase áurea, a melhor parte das coisas para lembrar e contar. De quase tudo eu só sei o final, a velhice, as sombras do que foi, outrora. A Califórnia, por exemplo: conheci a fazenda já no período de plena decadência, andei muito por lá, e procurava, de certa maneira, reviver ou me encaixar naquela Califórnia de que tanto se falava. A casa — a famosa casa de oitenta e cinco portas — já começava a ruir. Eu chegava lá a cavalo — vinha do Junco, acompanhada pelo meu fiel escudeiro, o Jaime do Pedro Alves. Sempre levava um presente para propiciar uma boa acolhida, pois, não sei por quê, não me sentia muito bem-vinda. Cisma minha, é claro. Nesse tempo tio José já era viúvo e tinha aquele ar apático e confuso, falava atropelando as palavras e não se entendia quase nada do que ele dizia. João Thomás e Rachel, ainda crianças, já mostravam os primeiros sinais da esquizofrenia que depois foi se agravando.

Dava uma aflição ver aqueles dois, sempre dentro de casa, arrastando os chinelos, comendo desbragadamente, com medo de tudo, do sol, de doença, de fruta quente, sem fazer absolutamente nada, nem brincar, nem estudar, nem conversar. E, como uma espécie de governanta, guardiã de tudo, Firma (ex-costureira de Abigail, mãe deles), muito boazinha, muito trabalhadora, mas também meio débil mental.

Na casa, uma das pernas do "agá", a parte da queijaria, já tinha arriado, as colunas quebradas, o telhado caído. No quarto de vozinha Rachel era onde Firma punha as galinhas para chocar. Nas redes de corda do alpendre, se balançando, uns meninos sujos, filhos dos moradores — os afilhados de Rachel (filha de tio José) que ela vinha nos mostrar com grande orgulho. No famoso pomar, apenas uns canteiros altos, de forquilha, plantados com coentro e cebolinha que Firma regava, sempre se queixando dos moleques que não obedeciam, dos pintos que ciscavam, das formigas que comiam tudo.

Foi essa a Califórnia que conheci. É verdade que ainda havia o açude, que eu atravessava a nado, e o banheiro grande ao pé da parede com aquele poderoso jorro d'água — embora cheio de sapos. E havia ainda a velha Teixeira — que foi do seu tempo —, que me ensinou a bordar. Havia as broas de goma que também aprendi a fazer com Maria José Garcia — já velha e cada vez mais estonteada. Mas tudo isso era muito melancólico, muito sem graça para uma moça de dezessete anos, minha idade então. E quando descobri que não conseguia recriar coisa nenhuma, que realmente aquele mundo não era o meu e que eu não tinha nada a descobrir, fui deixando de fazer aqueles passeios. Só voltei lá uma vez, no enterro de papai. Nesse dia, depois daquela viagem horrível de caminhão, levando o corpo de papai, eu pensava que todo o povo da Califórnia, os caboclos, aquela gente toda com quem ele foi criado, estivessem esperando na beira do rio. Mas não havia ninguém. Então levamos o caixão para a capela do cemitério. Depois fui para a casa da fazenda, onde Cyra, nossa prima, que nos esperava, me fez deitar numa rede — tínhamos viajado a noite toda — e só então comecei a chorar. Chorei durante horas, por papai, pela frieza daquela chegada, pela desolação que era a Califórnia, pela igreja cheia de morcegos, pelo cemitério esburacado por pebas — e você bem sabe o que procuram os pebas —, e chorei por tudo aquilo que me pareceu o corte final de uma etapa da vida. Lembre-se de que só fomos lá Roberto e eu, porque você e Oyama tinham ficado com mamãe e Luciano, já doente.

35

Junco

À s vezes me perguntam o porquê dessa nossa quase obsessiva preocupação com açudes: açude encheu, açude está seco, açude sangrou. Mas é isso mesmo: no Nordeste, o açude é o núcleo, o coração da fazenda. Fazenda sem açude é um casco morto, sem gado, sem moradores, sem plantio. O açude é o símbolo da riqueza do fazendeiro — ou da sua ruína.

O velho açude do Junco, por exemplo. Mas antes devo dizer o que é — ou o que foi — o Junco. Neste mundo tão grande, nunca houve pedaço de terra que tenha sido mais preso ao meu coração do que aquele trecho bravio do município de Quixadá, a cento e oitenta quilômetros do oceano Atlântico. E engraçado é que não nasci lá. Contudo, decerto andava por lá antes de nascer (já contei essas coisas de outras vezes, mas, afinal, só tenho uma história).

O Junco é, ou foi, uma fazenda à velha moda do Nordeste (embora hoje já muito alterada e dividida), com matas de caatinga subindo e descendo por cabeços cobertos de pedregulho, vastos campestres de capim-panasco, coroas férteis de riacho, lagoas que secam no verão (tudo, aliás, ali, seca no verão). Tudo seca, menos o açude.

À direita da casa-grande — a casa velha — se estende o prato de água que, dantes, era a única fonte de vida dos homens, dos bichos e das plantas. (Hoje lá existe também um açude novo, maior e talvez mais bonito do que o velho.) Mas aquele, o "meu açude", foi feito por mão de escravos. A terra subia à barragem arrastada em couros puxados por bois, ou em padiola, pela mão dos negros. Fez-se a parede devagarinho, em anos. Antes aquilo era uma lagoa, alimentada por sete riachos, que só correm no inverno. Assim, aos poucos, o dono foi levantando uma barragem, procurando armazenar mais água; construía sem projeto no papel, meio ao acaso, que o lugar nem era próprio para açude: uma lagoa aberta, sem nenhuma elevação aos lados, onde firmassem os ombros da parede. O porão se fez fundo a poder de escavações e não como os outros açudes, num boqueirão natural. De modo que a obra está toda errada como técnica; mas, como sempre acontece na vida, os erros não lhe prejudicaram a solidez. O açude do Junco já tem quase dois séculos e, nesse tempo todo de existência, só arrombou no inverno de dilúvio de 1924 e, mais tarde, outra vez, quando Maria Luiza era menina, uma história que ela mesma vai contar — eu nem andava por lá nesse tempo. Contudo, em ambas as vezes, o rombo na parede foi tapado dentro de poucos dias.

A água do açude do Junco tem uma cor ferrugenta, tinturada pelo barro vermelho do fundo. Mas é boa, sadia e doce como água de chuva. A parede lhe cerca mais da metade, enorme, curva, e lembra uma muralha de cidadela. Na represa, que se espraia do outro lado, ficam as vazantes, sempre verdes, povoadas de galinhas-d'água e jaçanãs. No meio da parede, a marcar o início do porão, uma umarizeira velha e sombria se debruça à beira d'água. Era lá que, de noite, eu deixava minha espera de traíra e, na madrugada seguinte, achava presa no anzol cada traíra de dois palmos, bicho feio de dente agudo, boca rasgada de tubarão.

Falei no açude, mas não falei na casa, nem no pátio, que é um quadrado aberto, com uns quinhentos metros em cada face, limpo de árvores e se estendendo pela várzea até a estação do trem (hoje desativada). No tempo das águas, cobria-se de mata pasto grosso, salteado aqui e além por uma moita de mofumbo cheiroso e, mais raro ainda, um pé de juazeiro ou mulungu. O pátio era tradição das antigas fazendas de criar: nele se juntava (ou se junta ainda) o gado nos dias de vaquejada; e da casa-grande, que sempre o domina de uma elevação, se descortina de longe quem chega, amigo ou inimigo.

A casa velha do Junco é toda de taipa, com o madeirame de aroeira, o envaramento amarrado com tiras de couro cru. Tem quase duzentos anos de idade e ainda é a mesma; tirando um quarto a mais, um corredor a menos, faz pouca diferença de como a deixou o seu construtor e primeiro dono, o velho Miguel Francisco de Queiroz, nosso tio-bisavô. Casa-grande sem senzala, que lá temos dessas anomalias. Os escravos da sala e da cozinha dormiam na própria casa da fazenda, e os escravos de campo, vaqueiros na maioria, eram todos casados, tinham família, moravam em casa sua, possuíam galinheiro, roçado e chiqueiro de criação, quando não tinham curral de gado. Só deviam mesmo ao senhor a obrigação de tomar a bênção. No mais, eram em tudo iguais a homens livres. Palavra que nunca se ouviu por aquelas bandas foi o nome de feitor e muito menos o de capitão do mato. Negro do Junco não apanhava nem fugia. Isso de negro judiado era coisa mais para a Bahia e Pernambuco, terras de senhores duros, aflitos por tirar do açúcar ou das pedras todo o dinheiro que dessem, fosse ou não misturado com sangue de cativo. Mas nas nossas fazendas não havia minas, a cana era pouca e de sal, o gado pé-duro vivia quase por si, sem exigir sacrifício de ninguém.

36

Viagem

Tendo feito um grande contrato para fornecimento de lenha à Estrada de Ferro, papai decidiu voltar ao Junco que, desde a morte de Flávio, ficara aos cuidados de Pedro Alves. Comprou em Fortaleza um caminhão GMC que seria levado para a fazenda, dirigido por Roberto, o grande motorista da família. Era começo de inverno e as estradas estavam praticamente intransitáveis, os rios cheios, a maioria deles sem ponte; assim mesmo, resolveu-se fazer a viagem. Iam no caminhão: na boleia, Roberto, meu pai, minha mãe e eu, apertada entre os três; na carroceria, Luciano, Pedro Alves e Franz, aquele amigo alemão; como ajudante, o moleque Gaspar. Comida não ia muita porque a viagem seria, no mais, de um dia.

Saímos do Pici de madrugada e as primeiras horas da viagem decorreram sem maiores tropeços. Mas ao chegarmos a Redenção, encontramos o rio cheio, não dava passagem, era preciso esperar que baixasse a enchente. Lá, pelo menos, é assim: descem aquelas cabeças-d'água barrenta, desenfreadas, parece que o mundo vai acabar; mas como o desnível das terras cearenses é violento, corre tudo rápido para o mar.

Em Redenção, Roberto parou o caminhão próximo ao barranco do rio; desceu todo mundo para tomar café e, como estava chovendo e eu, resfriada, me deixaram comendo biscoito, esperando na boleia. Quando se viu, o caminhão estava deslizando, devagar, no rumo do rio. Roberto, na porta do botequim, deixou cair o copo de café e gritava para mim: "Pisa no freio, depressa, pisa no freio!" Era pedir muito. E eu sabia onde era o freio? Pisei em tudo que encontrei, mas não adiantou. O caminhão prosseguia sua marcha pelo barro liso, o rio lá embaixo e todo mundo gritando. Roberto, de corrida, tropeçou numa pedra e caiu de bruços. O macacão dele, que era azul, mudou de cor, tingido pela lama e pelo sangue que lhe escorria dos joelhos. Assim mesmo ele se levantou e continuou correndo. Mas, antes que ele chegasse, o caminhão encontrou terra firme e parou. Passado o susto, feitos os curativos em Roberto e reduzida a enchente, a viagem continuou. Mal e mal, pois já se estava no segundo dia (depois da noite atravessada aos cochilos, numa pensão).

A chuva não parava e o caminho tinha que ser adivinhado, pois estrada não havia mais. Lá pelas duas da tarde chegamos a um lugar chamado Várzea das Bestas, um alagado, àquelas alturas mais lagoa do que várzea. Foi então que o pneu furou. E começou a operação de botar o macaco, que não encontrava chão resistente e afundava no barro mole. Pedro Alves explicava ao alemão que era preciso arranjar uma pedra para apoiar o macaco. O alemão se metia na água e na lama, procurava, mas em várzea não existe pedra. De repente Pedro falou: "Então traga o cágado."

Porque, lá pelo meio do caminho, eles tinham apanhado um cágado na estrada e levado para a carroceria do caminhão. O alemão tinha trazido de casa um cacho de bananas maduras, e de noite, enquanto ele dormia, metade das bananas havia desaparecido, comidas por Pedro, Luciano e Gaspar. De manhã, Pedro conseguiu convencer o consternado alemão de que fora o cágado que comera as bananas. E ele acreditou.

E o macaco: o alemão trouxe o cágado e Pedro teve a coragem de o enterrar debaixo do macaco. (Pedro também, em certas ocasiões, podia ser muito cruel.) O casco do cágado se quebrou todo, claro, e até papai se zangou quando viu aquela armação. O jeito, então, foi esperar o sol do novo dia, já o terceiro.

Nessa noite teve-se que pedir pousada numa casa que ficava na extremidade oposta da várzea, a única num raio de várias léguas. Uma casa de taipa, com alpendre, onde foram armadas as redes que mamãe trazia. Os donos da casa ficaram encantados de nos servir, pois não era todo dia que aparecia uma novidade como aquelas: o doutor Daniel do Junco acompanhado por uns filhos enlameados e famintos; uma senhora que parecia figura de um postal; um homem louro, grande e manco, falando uma língua atrapalhada, e mais Pedro Alves de intermediário, quebrando o gelo entre as classes.

Enquanto papai conversava com o dono da casa, a mulher matou uma galinha, fez um pirão e assim, depois das bananas do Franz, jantamos naquela noite.

De novo saímos em madrugada escura. O cálculo era chegar por volta das dez horas; mas às oito o caminhão pifou. Prego, enguiço sério, e então já estava todo mundo pelas tabelas. De comida só havia uma lata de doce de caju e todos sabíamos que comer doce de manhã, antes do almoço, dá dor de barriga. Mas foi o jeito, e o doce acabou num átimo. Lá pelo meio-dia, Roberto descobriu a falha no motor de arranque, amarrou uns cordões — o que foi sempre uma das artes dele —, e com mais chuva, mais atoleiros, mais fome, fomos chegar ao Junco ao entardecer.

Depois dessa atropelada viagem, ficamos no Junco para passar o inverno. Como fazia tempo que eu não ia lá, e criança nessa idade esquece rápido, tudo para mim era um despertar. Andava pela casa fazendo o reconhecimento, passando a mão pelas paredes bojudas — as veneráveis paredes de taipa do tempo de "meu tio Miguel Francisco" de papai —, rodeando com os braços a velha coluna de aroeira que sustentava a cumeeira da casa, de circunferência maior do que a minha; e, deslumbramento total, em frente ao perfil da Serra Azul, que muda de cor a cada hora do dia: o mais distante limite entre o sertão e o horizonte. No pátio os tetéus defendiam seus ninhos escondidos na salsa rasteira e revoavam furiosos, voos rasantes, bem próximos às nossas cabeças, ameaçando nos furar os olhos. Descendo o pátio, mais abaixo, o riacho dos Cavalos e, além dele, o grande pé de riso-do-prado, um templo de flores roxas, no terreiro da velha Raimunda Sampaio. Tudo isso, mundo que foi do tio de meu pai, mundo de meu pai e agora — naquele tempo — também meu. O coração da menina se espraiava, entrava de terras e águas adentro; que depois do longo confinamento no Pici era a respiração e o ar recuperados.

E havia também o açude. Obra feita ainda a braço de escravo, contrariando todas as leis da moderna engenharia: uma longa parede côncava, quando deveria ser convexa, porque rodeava uma lagoa, a lagoa do Junco, como Rachel já contou. O sangradouro era estreito, os riachos, de pouca água, e o açude só arrombou uma vez — pelo menos no meu tempo — e assim mesmo arrombamento artificial e deliberado, para evitar um mal maior.

Aquele ano era ano de grande inverno. A chuva começou no meio da manhã, varou a tarde toda, entrou pela noite e, alta madrugada, ouviu-se o rugido do sangradouro, já despejando água em toda a largura. Amanheceu, mas só se sabia que era dia pela hora que o relógio marcava, pois o céu era cada vez mais escuro e a chuva caía como uma cortina pesada, só aberta de vez em quando pelo riscado de um relâmpago.

No pé da parede, próximo ao sangradouro, um homem media a subida da água com uma vara de bambu. A intervalos de meia hora, ele mergulhava o bambu, na vertical, media e com a ponta da faca riscava a nova marca. E as marcas sempre subindo e os pés dele mais se afundando na lama que se formava em cima da parede; e mais engrossava e rugia a lâmina d'água da cachoeira, já agora com vários palmos de espessura. A ponte frágil que mais abaixo atravessava o riacho — talvez nem pudesse ser chamada de ponte, eram só dois grossos dormentes reforçados por um pedaço de trilho — abalou-se, estremeceu, soltou-se do barro mole e foi levada como uma folha pela correnteza.

Deu meio-dia e as notícias chegadas lá das bandas da Serra do Estêvão, onde ficam as cabeceiras dos riachos, eram de que a chuva caía cada vez mais forte, parecia até querer derreter a serra.

Meu pai deu ordem para que ninguém mais passasse por cima da parede: ela poderia rebentar a qualquer momento. Só ele e Pedro Alves ficaram vigiando a subida das águas. Foi então que numa rajada de vento uma golfada lavou o coroamento da parede, bem no lugar onde o velho pé de juazeiro, a jusante, marcava a metade da sua curvatura, onde o peso da água era maior. E foi como se depois daquela tentativa a água percebesse que ali era terreno conquistado. Nova onda que veio e já foi abrindo caminho no barro empapado e escorrendo de fininho pela outra face. Algumas mulheres, que olhavam de longe, percebendo o que acontecia, já começavam a chorar a morte próxima do velho açude.

Mas meu pai era homem de decisão e coragem: gritou que trouxessem enxadas e picaretas; marcou o lugar onde deveria ser aberta a brecha — num dos extremos, onde a parede era mais baixa, mais estreita e já quase unida à terra firme do outro lado — e ele mesmo, com mão trêmula, deu o primeiro golpe. Não precisou muito: no pequeno rego cavado à enxada, a água entrou mansa, obediente, escorreu do outro lado, mas logo foi rasgando a terra, sangrando, afundando, a despejar-se aos borbotões. Passados nem dez minutos já era uma vertente com vários metros de largura; e a esteira d'água, agora livre, prateada, se espraiava na várzea, cobrindo baixios, matos e árvores.

Do lado de dentro ainda alguma água, não muita, mas o açude se salvou. Nesse mesmo ano, meu pai — que sabia fazer as coisas — mandou fechar o rombo e aumentar a largura do sangradouro. E nesse mesmo ano o açude tornou a encher.

37

Editora José Olympio

Quando publiquei *O Quinze*, por conta própria, em Fortaleza, papai pagou dois contos e quinhentos à Tipografia Urânia, cujo proprietário era um sujeito alto e ruivo, a quem chamávamos Camarão. Creio já ter contado antes que, ajudada por Antônio Sales e Renato Viana, mandei o livro para personalidades do Rio de Janeiro e de São Paulo e, para surpresa minha, logo tive o troco: não só os artigos elogiosos de Alceu, de Schmidt, como um telegrama da Editora Nacional, em São Paulo, propondo fazer uma segunda edição (a primeira edição, modestíssima, em papel ordinário, só de mil exemplares, é hoje, por incrível que pareça, objeto de colecionadores, que pagam um bom dinheiro por um dos raros exemplares que sobrevivem). Essa segunda edição, da Editora Nacional, creio que de cinco mil exemplares, representou o real lançamento do livro. Antes que ela se esgotasse de todo, recebi uma proposta de um então modesto editor que ocupava, na época, duas ou três pequenas salas num edifício da praça XV: a firma usava o nome de José Olympio Editor. Aceitei a proposta e daí por diante nasceu uma associação que durou cinquenta e sete anos, entre mim e José Olympio e seus irmãos Daniel e Athos. Foram eles os meus editores únicos, até que a morte nos separou. Dentro de alguns anos, já não éramos simples editor e editada, mas amigos fraternos, posso dizer irmãos. Nos últimos anos de sua vida, José Olympio deu na mania de escrever cartas e me mandava uma de vez em quando, começando invariavelmente por *ma soeur*. Ele dava palpites na minha vida pessoal, lia os meus livros no original, mas aí não dava palpites. Seu respeito pela liberdade do autor era famoso. Por isso mesmo editava indiscriminadamente comunistas, católicos e até integralistas, desencadeando a cólera dos esquerdistas.

Mas o meu principal amigo na família de José Olympio não era ele, era o seu irmão Daniel, meu compadre, meu confidente (e eu dele). Um dos mais preciosos amigos que jamais tive.

A Casa, como a chamávamos, chegou a ser a mais cobiçada editora do país: ela que lançou primeiro a mim e depois a onda toda dos nordestinos. Mas foi a loja, a Livraria José Olympio propriamente dita, situada à rua do Ouvidor 110 (no tempo, o coração do Rio), que se tornou o *point* preferido dos intelectuais mais famosos, dos já estabelecidos e dos emergentes. Quem queria ser visto e quem queria nos ver ia às tardes à José Olympio. Ao mesmo tempo a Casa se tornava a editora oficial do citado grupo de nordestinos: Zé Lins, na sua exuberância (a gente dizia que ele escrevia um romance por semana), lançando o "ciclo da cana-de-açúcar", Graciliano, o mestre, e Jorge Amado, também de obra numerosa, que, segundo me lembro, ficou na Casa alguns anos e só depois foi se abrigar em outras editoras.

E a frequência dos autores à Casa não cessou nem depois que se fechou a loja da rua do Ouvidor e a editora se mudou para a rua Marquês de Olinda.

Aos fundos da loja na rua do Ouvidor, que a gente se habituara a frequentar todas as tardes, tínhamos nosso ponto oficial de encontro: chegava a haver um banco que era privativo de Graciliano, o banco e o cinzeiro, que, ao fechar a loja às seis horas, estava sempre cheio de baganas, apagadas de modo peculiar, marca registrada de Graciliano.

Não me lembro onde José Olympio ficava ao tempo dessa frequência da loja. A sala dele só passou a ser o nosso ponto de reunião, confessionário, local de brigas e pazes (pazes sempre promovidas por ele), depois da mudança para a Marquês de Olinda.

No primeiro andar havia a grande sala de José, o *rendezvous*, como dizia Zé Lins, sempre cheia de gente e ruidosa. Ao lado ficava a pequena sala de Daniel, onde se decidia a vida diária da Casa, onde se pegava dinheiro, onde se apanhavam as provas para revisão, e onde, principalmente, alguns poucos (eu, inclusive) curtíamos a amizade de Daniel, que num certo sentido era a verdadeira alma da Casa. José era quem atraía e convidava os autores, promovia as reuniões, atiçava as discussões, representando a face visível da editora. Mas no gabinete de Daniel é que a gente entregava os originais, ele que decidia os números da tiragem, ele que mantinha contato com as impressoras, ele que comandava o trabalho da equipe de revisores, ele que decidia as capas, contratava os artistas — até Portinari chegou a fazer capa e Osvaldo Goeldi a fazer ilustrações, como, por exemplo, da obra de Dostoiévski, da qual fui, em grande parte, a tradutora. Já então minhas relações com a Casa não eram simplesmente de editor e autora. Passei a ser tradutora efetiva, um livro atrás do outro e recebendo uma retirada mensal. Às vezes me ocorre fazer uma conta dos livros que traduzi nesse período. Adestrei-me então no inglês, no qual até então era fraca, desde que Vera Pereira, mulher de José Olympio, assumiu a escolha de autores a traduzir — e ela gostava de literatura inglesa. Foi ela quem me fez traduzir os vários volumes de Forsyte Saga, de John Galsworthy. Eu trabalhava regularmente oito a dez horas por dia; nisso ganhava a vida e a única vantagem que levava sobre os funcionários da firma é que trabalhava em casa. Alternávamos dois, três grandes autores pela literatura que nós chamávamos "barata", autores sem importância mas *best-sellers* na época. Eu chegava a traduzir tão rapidamente esse tipo de livros que pagava uma datilógrafa para bater o que eu ditava.

De "autora da Casa" eu era especialmente "amiga da Casa". Como já contei, era eu a madrinha do filho de Daniel, de uma filha de Athos, e José brincava que ia procurar ter um filho para ser meu compadre também. Morávamos, Oyama e eu, na Ilha do Governador e a Casa era o meu ponto na cidade, onde marcava encontro com os amigos e onde estavam sempre os mais fiéis frequentadores.

Na crise da minha separação de Zé Auto, José e Daniel se envolveram muito, me davam todo o apoio, não admitiam críticas. Tornaram-se imediatamente amigos de Oyama assim que ele entrou em minha vida. Anos depois eu dizia, brincando, que eles eram muito mais amigos de Oyama do que meus. Oyama, que fizera debandar, implacavelmente, o meu grupo de amigos (que Alba chamava os meus "pinóquios"), aceitou sem dificuldade a amizade de José e Daniel, no mesmo grau de intimidade e confiança. O meu "salário" de tradutora entrava no nosso orçamento doméstico, junto ao dele, no hospital. Isso nos permitiu realizar a mudança para a Ilha, a aquisição do terreno com a casa velha habitável e a construção iniciada da casa nova.

Oyama brincava dizendo que o muro podia se chamar Cronin, possibilitado que fora pela tradução dos livros desse autor.

A grande decisão de mudar para a Ilha veio quando Oyama teve a oferta de dirigir as duas enfermarias de clínica médica (homens e mulheres) do Hospital Paulino Werneck. Nós já sonhávamos em deixar a cidade: não gostávamos de morar em apartamento. Oyama se dizia de "alma rural", gostava de plantar, criar cachorros, ter jardim e quintal. Morar na Ilha, por onde já fizéramos várias excursões, se tornava possível com a mudança de hospital.

A Ilha do Governador nesse tempo era ilha mesmo, isolada de todo da cidade e a ela ligada apenas por umas três ou quatro barcas que se tomavam no cais Pharoux e iam acostar ao que os nativos chamavam de "ponte", mas era uma espécie de cais que avançava pelo mar até atingir o calado das barcas. Só daria para viver lá trabalhando lá.

Nosso terreno, situado na Cova da Onça (rua Carlos Ilidro), era grande, e Oyama o encheu de árvores, algumas plantas de jardim e até um canteiro de horta. Tudo trabalho dele, porque eu, ríspida sertaneja, nunca me interessei por jardinagem.

Foi na Ilha que a nossa vida se consolidou. Lá recebemos papai, mamãe, Luciano e você, Isinha. Lá, tempos depois, foram morar conosco dr. Nero e d. Lia, pais de Oyama, ao se fechar o Hotel Lutécia, em Laranjeiras, onde eles viviam havia quase vinte anos.

É de uso dizer "a gente era feliz e não sabia". Mas nós sabíamos, sim, curtíamos a vida, dentro do que é possível às circunstâncias humanas. A Ilha nos deu a solidão a dois, tão necessária para um casamento. Quando nos casamos de verdade, promulgada, afinal, a lei do divórcio, Oyama chamava o nosso casamento de "pleonasmo", repetição formal do que já existia.

Na Ilha recebíamos muito. Almoços de sábados e domingos (jantares não havia, pois que a última barca para o Rio saía muito cedo). À frente dos amigos estava Pedro Nava, meu primo, que me apresentara a Oyama, seu assistente predileto no Hospital Carlos Chagas, em Marechal Hermes. E recordo a reação ofendida e ciumenta de Nava quando descobriu que Oyama e eu estávamos namorando às costas dele. É que nesse tempo uma senhora, especialmente uma jovem senhora, não saía sozinha; e como Zé Auto e eu já fazíamos vida à parte, Nava, ainda solteirão, era o meu *escort* habitual. Íamos, aos domingos, jantar em casa de Aníbal Machado, íamos ao chopinho no Bar Recreio às sextas-feiras. Oyama tornou-se então companheiro de Nava em todas as saídas, deixando Nava muito gratificado por essa assiduidade. Quando descobriu o que havia entre nós, fez uma cena cômica, se dizendo corneado, tanto por mim quanto por Oyama, que ele supunha atraído só por ele. Se entrávamos num restaurante, num bar, eu ia de braço dado com ele, Nava, bem mais velho que nós, já um senhor corpulento. Ao descobrir o caso entre mim e Oyama, ele se enfureceu e dizia: "Então, em todos os lugares aonde vamos, Rachel de braço comigo, você, Oyama, de lado, eu sou o corno para todo mundo que nos vê? E, como bom corno, sou o último a saber."

A gente ria e ele se aplacava.

Quando resolvemos viver juntos, Oyama e eu fomos morar em Laranjeiras, numa rua lateral, onde recebemos mamãe e Luciano. Num gesto generoso, para calar as maledicências da família, mamãe veio para nos dar o seu apoio. Como papai convalescia de um tifo, fez questão de que mamãe viesse com Luciano para reafirmar esse apoio. Para os cunhados do Rio, que a procuravam pelo telefone, mamãe tinha uma resposta infalível: "Estou na casa de Rachel e Oyama. Vocês podem me visitar aqui."

E vieram todos, tios e tias, à nossa casa, posta sob a égide de mamãe. Ninguém mais da família se atreveu a tomar posições ou sequer a fazer críticas diante da solidária atitude de meu pai e minha mãe. Oyama nunca se esqueceu disso; passou a adorar papai e dava-se muito bem com mamãe. E à morte de ambos, no espaço de alguns anos entre uma e outra, tanto papai quanto mamãe morreram literalmente em seus braços.

Na Ilha fizemos um bom círculo de amizades, quase todos começando como clientes de Oyama. Lembro especialmente do dr. Edgard Pinho e família, pai de Lena, minha grande amiga — amizade que durou até morrerem todos, inclusive Oyama. Só fiquei restando eu.

Dr. Pinho nos aproximou do seu cunhado, Otávio Mangabeira, com quem mantive um tipo de amizade muito curiosa, quase toda telefônica. Pelo telefone discutíamos infindavelmente o Brasil, seus problemas, seu futuro. Era no tempo da ditadura getulista, e depois soubemos que os nossos telefones eram censurados, principalmente o dele, político muito importante (mormente na Bahia) a quem Getúlio temia.

38

O Cruzeiro, *Goeldi* etc.

Através não me lembro de quem recebi um convite de Assis Chateaubriand (eu já colaborava nos Associados) para trabalhar em O Cruzeiro. Logo recebi um telefonema de Leão Gondim, diretor da revista, e fui combinar com ele a colaboração. A primeira página de O Cruzeiro era onde saíam habitualmente as colaborações das amigas de Chatô. A ideia de Leão era "reabilitar" a primeira página e manter lá a minha crônica semanal. Eu recusei e sugeri que me dessem a última página da revista. Leão achou "uma loucura botar uma colaboradora 'do meu nível' na última página". Argumentei que o que faz a página é a matéria nela impressa. Se a minha colaboração interessasse, o leitor encontraria a última página com a mesma facilidade com que encontrava a primeira. Além do mais — creio que foi isso que o convenceu —, uma crônica assinada, na última página, iria valorizar a capa de trás em matéria de publicidade.

Intitulamos a minha crônica "A última página" e a minha sugestão deu tão certo que ficou no mesmo lugar durante trinta anos batidos — desde 1945, quando lá me iniciei, até 1975, quando a revista morreu.

O Cruzeiro dava aos seus colaboradores uma projeção muito maior que os artigos de jornal. Era a revista mais lida do Brasil, a mais bem-feita. A equipe da redação tinha a chamada fina flor do ofício, como David Nasser, o grande fotógrafo Jean Manzon etc.

Antes de entrar para *O Cruzeiro*, eu já tinha a minha roda nos meios intelectuais do Rio. Já eram meus amigos, principalmente, os frequentadores da José Olympio e alguns dos mais esquivos, como Osvaldo Goeldi. Este, Reis Júnior, eu e mais alguns outros fomos conhecer através de Beatrix Reynal, uma francesa que, na verdade, se chamava Marcelle Jaulent; poetisa, apaixonada pelas artes, muito rica, Beatrix abriu seus salões na avenida Vieira Souto, Ipanema, onde dava jantares famosos. Era casada com o pintor Reis Júnior. E tinha como escravo fiel o grande Osvaldo Goeldi.

Havia muitas lendas a respeito dessa devoção de Goeldi a Beatrix. A que merecia mais crédito falava de um período em que Osvaldo, de visita à África do Norte (não sei como ele fora parar lá), caíra gravemente enfermo, praticamente à morte. Beatrix foi lá buscá-lo, tratou-o, salvou-o e trouxe-o de volta para o Brasil. Então nasceu uma amizade imbatível, mas todos achávamos que não se tratava de amor. Era só gratidão da parte dele e uma espécie de sentimento de posse da parte dela.

Quando ela queria nos agradar, mandava que Goeldi nos desse uma das suas preciosas gravuras ou ilustrasse um trabalho nosso. Com isso Beatrix se sentia poderosa e de certa forma nos comprava os elogios à sua própria poesia (que, na verdade, era medíocre) e, lucro maior de todos, nos dava oportunidade de ficar amigos de Goeldi, pessoa humana muito especial, tirando-se mesmo em conta os seus méritos de grande artista. Pois nas rodas de artes plásticas, cuja figura principal era então Portinari, Goeldi era considerado *hors-concours*, acima, na sua especialidade, de qualquer comparação. Posso dizer que tive nele um dos meus melhores amigos, fiel, discreto, generoso. De vez em quando dava um sumiço, ninguém sabia para onde fora; também de repente reaparecia, sem dar explicações, como se nada houvesse acontecido.

Beatrix Reynal, moça pobre antes (dizia-se que até fora dançarina de cabaré em Paris), segundo se sabia, herdara uma fabulosa fortuna de dois tios riquíssimos, dos quais fora, um atrás do outro, herdeira única. Já a conheci na fase da riqueza: mantinha um salão literário, cortejava os intelectuais de mais nome, dava a todos os amigos presentes fabulosos. E como se diz que a coisa mais difícil é manter juntos um pródigo e sua fortuna, ela foi delapidando o dinheiro herdado; aos poucos foi vendendo as casas, os bens, e acabou pobre num pequeno apartamento no Leblon. Francesa, extremamente patriota, manteve durante a Segunda Grande Guerra um programa de rádio apoiando a Resistência da França subjugada. Creio que foi esse apoio apaixonado e sem medir despesas que abriu o rombo maior na sua fortuna. (Recebeu depois a Legião de Honra das mãos de De Gaulle e várias outras provas de gratidão da França liberada.) Anos mais tarde após viver no pequeno apartamento, já velha, doente, acabou os dias obscuramente num asilo para idosos. Creio, realmente, que o melhor feito da vida de Beatrix Reynal foi o apoio que deu a Goeldi, permitindo ao seu grande talento ocupar o lugar que merece nas artes plásticas brasileiras.

Outros amigos que fiz nesse primeiro período do Rio foram Murilo Mendes, Cícero Dias, meus companheiros no Prêmio

Graça Aranha. E, através de Carlos Echenique — o mais fiel de todos, o mais fraternalmente dedicado —, conheci então a casa de Aníbal Machado, aproximando-me de Alfredo Lage, Carlos Leão (o Caloca), sua mulher Ruth, Tati, Vinícius (com quem Tati depois se casou), e a mãe deles, d. Tita Leão, pintora amadora, a quem me tornei especialmente ligada. Eram famosos os seus almoços na casa de Laranjeiras. Filha também de d. Tita, havia Magu, casada com José Cláudio Costa Ribeiro, cuja sala hospitaleira estava sempre aberta e solícita para nós. Em casa de Magu bebiam-se vinhos maravilhosos, que eu já aprendera a apreciar na mesa de Beatrix Reynal. Nesse tempo de guerra, os vinhos importados eram raros e caros, e só gente rica os podia oferecer.

Outro ponto de encontro nosso era a casa de Portinari — aliás, o seu ateliê, pois que pintava em casa. Mais de uma vez ele me convidou para fazer meu retrato. Talvez por timidez, nunca fui, coisa de que hoje me arrependo. Na verdade, falo em rodas diferentes, mas a frequência delas era mais ou menos comum, embora na casa de Aníbal aparecessem, de repente, figuras ilustres, franceses principalmente, fugidos da ocupação alemã na Europa.

Outro amigo de quem tenho falado pouco foi Barreto Leite Filho, grande amigo de Evandro Pequeno, e que me abriu as portas para colaborar no *Diário de Notícias*, jornal, então, de grande prestígio no Rio, apenas superado pelo *Correio da Manhã*, onde, aliás, durante um curto período, também colaborei. Era na fase áurea dos suplementos literários. *Nós*, autores mais conhecidos, éramos disputados e aceitávamos com muito gosto essas colaborações, que passavam a constituir a melhor fonte de renda dos nossos magros orçamentos. Como bem o poderiam dizer Graciliano, Zé Lins, Lúcio Cardoso e mais outros "fregueses habituais" das colunas dessas folhas.

Aurélio Buarque de Holanda chegou ao Rio de Janeiro também nesse tempo. Antes, em Alagoas, já tinha nome literário. Mas no Rio teve que se fazer aos poucos como professor de português. Era o nosso "corregedor", severo e solícito. Zé Lins e eu, por exemplo, jamais publicamos um romance, nessa época, sem chamarmos Aurélio para fazer a leitura dele, em dia ou noite especial. Lia em voz alta, corrigindo as nossas mais excessivas liberdades com a língua. Tínhamos às vezes brigas enormes, discutindo expressões ou frases que nos pareciam indispensáveis, mas que, ao ouvido exigente de Aurélio, eram inadmissíveis. Acabávamos entrando em acordo, ele nos permitia algumas liberdades que outros gramáticos não engoliriam; é que Aurélio, além de gramático, tinha gosto literário e sabia que o escrever não se mede pelos pronomes e pelos tempos de verbo. E, de tanto saber e ensinar português, ele, estimulado por nós, deu início ao seu dicionário. Todos colaborávamos, tínhamos sempre uma palavra nova para dar ao *Aurélio*. Aos poucos ele foi crescendo, ampliando o volume do dicionário, até chegar às proporções atuais, em que as palavras "Aurélio" e "dicionário" são sinônimos.

39

Arizona

Na velha casa do Junco havia um quarto grande, pegado ao de mamãe, onde me instalei depois que papai e Luciano morreram. O quarto era o último no correr da casa, com uma porta interna, outra porta larga que dava para o alpendre e uma janela de folha dupla abrindo para o que antes fora o jardim de Rachel. Agora havia lá apenas um grande pé de riso-do-prado, sempre florido. Assim, com todas as correntes de ventos cruzados, apesar do calor infernal do sertão, lá era sempre fresco e, sobretudo, muito claro. De móveis, apenas uma mesa junto à janela, o toalete antigo de mamãe, a cômoda alta que guardava todos os nossos haveres e a minha rede branca. E jamais encontrei lugar onde me sentisse tão bem como naquele quarto, de telha-vã e chão de cimento. E não se pode falar que não era o quarto, era a vida, era a mocidade. Não, pelo contrário, foi fase difícil e dura, mamãe na mais profunda desolação, eu desvairada, paradas as obras do grande açude que papai e Luciano haviam começado.

Roberto, juiz em cidade distante, com filhos pequenos e Inês grávida, Rachel no Rio; só nós duas, mamãe e eu, no sertão, com *fazenda, sítio, açude, tudo no limbo. Mas havia o espírito lutador e indômito de mamãe.*

Ai, esse açude do Arizona! Dizem que fui eu que fiz. Mas na verdade foi ela, mamãe, a chamar às falas, a reaver o material do serviço, já disperso ou roubado quando pensavam que não mais voltaríamos, a preparar com método e eficiência todo o trabalho que achavam não ser para capacidade de mulher.

Cortar os juazeiros que ficavam a jusante da parede foi a parte pior. Ver aquelas árvores imemoriais, tão verdes no meio da secura cinza do verão, arrancadas, exibindo o desgrenhado das raízes — só aquelas mais à flor da terra, pois raiz de juazeiro desce até os lençóis mais profundos à procura d'água, sabe Deus onde a irão encontrar, seria até no inferno se água lá houvesse.

Depois a tropa nova de jumentos carregados, subindo pelas encostas dos barreiros, cavados onde mais tarde seria o porão do açude. Eu era mulher, era uma moça, quase uma menina, os caboclos tinham tendência a se portar com arrogância, relaxavam no serviço, criavam dificuldades; para os controlar precisava mão de ferro, que eu não tinha. Mas mamãe tinha.

E o serviço foi se aprumando. As especificações do projeto rezavam que cada camada de barro deveria ter trinta centímetros.

"Besteira", dizia o caboclo feitor da obra. "Com meio metro, até mais, já fica bom."

E eu ia lá, levava a trena, media, mandava tirar o excesso: "Tem que ser com trinta centímetros, justo, e sem essas pedras e pedaços de pau que vocês estão botando aí!"

E me violentava para dizer essas coisas, pois não estava acostumada a mandar, sempre tivera quem mandasse por mim.

E depois bater com o malho (naquele sol, os homens sem camisa, parecendo suar sangue): levantar o peso, deixar cair, calcar palmo a palmo até o barro ficar duro como concreto; era de estarrecer ver como eles aguentavam aquele tipo de trabalho, pareciam galés, só faltava a corrente e a bola de ferro no pé.

Mas tinha que ser, fora aquele açude o sonho de muitos anos de meu pai; desde pequena eu me lembrava quando o acompanhava a cavalo nas idas à beira do rio Choró: "Vai ser aqui, ligando estes dois altos de pedra, uma parede alta, mas muito curta."

Parecia até que ele estava vendo, ele, o sonhador que era meu pai: as chuvas grossas nas cabeceiras, os riachos correndo, a parede pronta, a imensidão d'água que ela iria segurar.

E a parede real, a de terra, ia subindo. E o povo agora acreditando.

Eu vinha do Junco a cavalo, todo dia marcava presença; por sua própria iniciativa, os trabalhadores fizeram uma coberta de palha que me abrigasse do sol; davam milho e capim ao meu cavalo Mancha, e eu ficava por lá até o entardecer. Chegava de volta ao Junco, jantava e chorava: o inverno ia chegar, a parede inconclusa não ia resistir, as águas iam levar todo o trabalho feito.

E mamãe vinha, me consolava, das forças dela tirava mais força para me dar: "Que é isso? Se você quiser vamos embora. Mas acho que está tudo indo bem; e, pelo jeito, parece que nem vamos ter inverno, e aí, na seca, aparece mais gente para trabalhar: vai-se ter então um ano inteiro pela frente!"

No dia seguinte eu voltava ao Arizona, a parede continuava subindo. E ela, d. Clotilde, na sua coragem, cuidava do resto — o fornecimento de lenha para os gastos com o açude, pois os cálculos feitos por papai já estavam defasados, os preços não eram os mesmos tratados por Luciano, o açude ia sair pelo dobro do previsto.

Mais economia em casa. O que, aliás, não era sacrifício, pois, de comer, tínhamos tudo o que a fazenda produzia. E mamãe, *nessa matéria de subsistência, era milagrosa —, podia chegar qualquer visita inesperada, a mesa parecia um banquete.*

E a parede do açude ia subindo.

Como se esperava — ou não se esperava? —, veio a seca. Além do açude, tínhamos agora outra dificuldade: o gado. O pasto do Junco já tinha acabado — o do Junco e o de todas as nossas terras vizinhas. Foi preciso então apelar para o Coqueiro, a fazenda de um primo, umas seis léguas distante, terra fresca de pé de serra, com pasto ainda abundante. Saímos de madrugada, Pedro Alves, eu e os vaqueiros. O gado, já fraco, era fácil de ser conduzido, as reses de cabeça baixa, aceitando o caminho novo, sem animação para desgarrar.

Chegamos ao Coqueiro lá pelas quatro da tarde. Entregamos o gado, dois vaqueiros ficaram tomando conta; voltamos na mesma pisada, avistando o vulto da casa do Junco já noite alta.

E a parede subia. Já estava quase chegando ao coroamento e tinha-se agora que pensar em fazer o muro de pedras do sangradouro. Mas cadê pedra? No Arizona só havia alguns cerros baixos e um aglomerado maciço, engastado na Pedro do Bicho (onde diziam aparecer uma assombração e os moradores se recusavam a passar à noite por lá). Contudo, o jeito era enfrentar os preconceitos do pessoal e tirar as pedras onde desse para quebrar.

Por esses dias tivemos que ir ao Pici, onde havia umas questões para mamãe resolver. Ou também para tomar um fôlego, respirar os ares frescos e as bonanças do sítio, depois de todos aqueles sufocos.

Em Fortaleza arranjei — não me lembro como, nem com quem — umas bananas de dinamite para estourar as pedras do Arizona. Trouxemos essa dinamite na mala de roupas, acomodada sob o assento do vagão do trem.

Roberto, que foi ao Junco poucos dias depois, quando soube daquilo quase teve uma coisa. Muito vermelho, mas naquele seu jeito contido, balançou a cabeça, sem dizer nada, foi até o alpendre, voltou, depois me chamou de inconsciente e ignorante. Mas, passada a raiva, me deu todas as instruções: disse que o serviço tinha que ser feito por profissional, mandou chamar um cavouqueiro, mas logo teve que ir embora para o juizado dele; tinha um monte de causas por julgar: apesar do nome, era terra de muitos malfeitos, essa Santa Cruz para onde tinha sido nomeado.

Veio então de Barbalha o cavouqueiro, um cabra antipático, com cara de criminoso, mas de grande eficiência. Realmente, só um especialista poderia fazer aquele serviço. Era assim: com um ferro pontudo, ele ia furando a pedra. Derramava água no buraco feito, socava com a ponta do ferro, tirava o pó da pedra com um pano molhado — serviço miserável aquele, para cavar apenas um furo com cerca de dois palmos de profundidade e diâmetro suficiente para caber a banana de dinamite. Levou nisso quase o dia inteiro. Na manhã seguinte, fomos acompanhar o ápice da operação. Encaixada a dinamite, o cavouqueiro (a quem a essa altura já chamávamos mestre) colocou o pavio, a pólvora, e mandou que a gente se afastasse para bem distante. Sábio aviso: não havia árvore ali, não havia abrigo, ir longe não dava tempo: o pavio já estava queimando. O jeito foi eu e Pedro Alves nos refugiarmos debaixo da carroceria do caminhão que iria transportar as pedras. Passados alguns instantes a dinamite explodiu. O estouro, me disseram depois, foi ouvido até no Junco. A pedra grande se espatifou, abrindo-se pelos veios, dilaceradas as suas entranhas, partida em mil pedaços.

Vale a pena assistir a um trabalho feito com perfeição e êxito final. Fiquei admirando e respeitando aquele cavouqueiro.

Mais alguns tiros nos dias seguintes e logo tínhamos as grandes pedras necessárias ao muro do sangradouro. Então, outro mestre veio, dessa vez um pedreiro exímio, que foi levantando a obra de arte. Depois de tudo pronto, ficou igualzinho ao desenho do projeto feito pelo engenheiro do Dnocs. E continua lá, ainda hoje perfeita, a parede, suportando o peso de um milhão de metros cúbicos de água (para açude feito por mulher é muita água), o sangradouro lhe dando vazão nas enchentes, a parte mais funda sempre cheia nos verões, pois, ao contrário de muitos (até mesmo de represas feitas pelo governo federal), em todos esses anos o meu açude nunca secou.

40

A revolução de 1964

Para falar na revolução de 1964, a gente tem que começar por duas figuras: Getúlio e Castelo Branco. Getúlio, a minha geração se habituou a considerá-lo como a fonte de todos os nossos males políticos. Talvez fôssemos injustos em algumas coisas, em muitas coisas mesmo. Mas a figura de Getúlio, para nós, era o símbolo de todo o desastre nacional. Ele, aliás, fez tudo para isso: tome-se o movimento de 1930, tome-se a revolução paulista de 1932, tome-se a repressão ao *putsch* de 1935, tome-se o golpe de 1937, tome-se a insurreição integralista de 1938. Getúlio Vargas não deixava a gente em paz nem um minuto: quando nos íamos acomodando à situação, vinha logo uma novidade, sempre mais desagradável. O fato é que Getúlio passou a simbolizar, para nós, a reação, o fascismo, a aliança com o Eixo. E essa imagem de Getúlio Vargas não se acabou com a sua morte: prolongou-se através de Jango, de Brizola, do queremismo de Hugo Borghi. Quer dizer: uma vez morto Getúlio, mesmo saindo de cena a pessoa dele, o getulismo continuou ovante. Ao surgir a candidatura de Jânio

Quadros, viera aquela onda de esperança. Mas logo sobreveio a renúncia e a anomalia constitucional de se permitir que o candidato a vice-presidente não pertencesse ao mesmo partido do candidato a presidente. E aconteceu então que um presidente eleito pela UDN e pelas forças ditas liberais, como foi o caso de Jânio, tinha um vice caracterizadamente caudilhesco e getulista: João Goulart. Suponho até que Jango tenha corrido em duas faixas: qualquer que fosse o presidente eleito, seria ele o vice. E isso explica a abominação que significava para nós, que já não éramos comunistas nem simpatizantes, a vinda do janguismo, com a tal república corporativista que, no fundo, era praticamente a ressurreição do golpe de 1937. Não fascista no sentido de reacionário de direita, mas fascista no sentido de reacionário de esquerda — já que, para nós, fascismo e stalinismo se equivaliam. (Para nós, naquela época; hoje, para todo mundo.) Está aí a situação da ex-União Soviética que não nos deixa mentir.

Era essa, pois, a nossa posição em relação a Getúlio Vargas. E explica a nossa hostilidade, desde antes de Jango assumir, quando Jânio renunciou: aquele horror coletivo que atacou todos os ditos liberais do Brasil, quando afinal se entregou o poder a João Goulart. E Jango veio, com a sua máscara de elemento de esquerda, mas ninguém se enganava com isso: ele realmente não era, nunca foi, o que se entendia por esquerda.

Conhecemos o general Castelo Branco através de Paulo Sarasate. Nós ainda morávamos na Ilha do Governador. Tinha ele sido comandante da Região, em Fortaleza, fizera muitas relações e, Alencar que era, descobrimos que éramos parentes; e assim, entre nós, surgiu uma relação muito simpática, muito cordial. O casal, Argentina e ele, nos visitava na Ilha e nós também os visitávamos. Argentina era uma verdadeira lady, uma mulher muito bonita, muito inteligente, muito articulada; amada apaixonadamente pelo marido — até mesmo depois de morta, como Inês de Castro. Castelo nunca a esqueceu, acho que nunca se interessou por outra mulher. Pelo menos, não que eu saiba. Pode ter tido casos, afinal era homem, era viúvo. Mas o seu grande caso de amor, de paixão, foi ela.

Bem, quando houve a renúncia de Jânio e depois, durante todo aquele tumultuado período de Jango, nós — sobretudo o nosso grupo de intelectuais — vivíamos numa insatisfação muito grande; e, através principalmente de Adonias Filho, estabeleci muitas ligações com oficiais que participavam das nossas mesmas ideias: os generais Newton Reis, Herrera, Muricy, Golbery, Sizeno, todos amigos de Adonias. O nosso Adonias era uma espécie de general civil e tinha contato com todas essas fardas. Note-se que ele, Adonias, havia muito tempo deixara para trás o integralismo e se tornara um liberal como nós todos. Era ele que escrevia os editoriais do *Diário de Notícias*, um órgão marcadamente liberal e antidireitista. A Segunda Grande Guerra e suas consequências, a largo prazo, haviam traçado divisões definitivas e radicais entre os nossos campos políticos. E a chamada "esquerda" de origem não popular mas popularesca, corporativista e caudilhista, com Getúlio, Brizola, Jango, fora o grande divisor de águas, unindo antigos adversários e reunindo rivais da véspera.

Quando foi se tornando mais aguda a situação de Jango, com as campanhas de Brizola para presidente, eu escrevia muito sobre isso, ajudava, conversava com os jornalistas, com David Nasser, com os meus grandes amigos Osório Borba, Raul Lima, Barreto Leite e outros mais. E todos nós éramos ferozmente, claro, contra tudo aquilo. A nossa posição já não era de esquerda, mas não deixava de ser liberal e, em alguns, esquerdizante mesmo.

E para nós todos, os símbolos sobreviventes do caudilhismo sem véus eram Jango, Brizola, o fantasma de Getúlio — tudo que eles representavam.

Começamos então a conversar política a sério; nos reuníamos em minha casa; curiosamente, Oyama nunca participava dessas conversas. Ele só começou a se interessar quando Castelo, seu amigo pessoal, entrou em cena, já depois de desencadeado o movimento.

As coisas foram se preparando, a gente conspirava, via o que um ou outro poderia fazer: passávamos às vezes a noite em "vigília cívica". Eu me mudava de quarto para poder receber os telefonemas de Adonias, já que Oyama se recusava a acordar para saber das notícias.

Meus amigos às vezes até estranhavam, pensando que talvez Oyama fosse contra a minha participação naquela movimentação política.

Na verdade, a atitude de Oyama decorria do fato de que ele não tinha vocação para militante político. A política lhe dava tédio. Com aqueles de quem gostava, Castelo, Golbery, Muricy, ele levava a sério as conversas e se interessava. A questão é que Oyama não tolerava a intimidade da política — os cálculos, as previsões, as manobras —, tudo que faz a paixão do político ele detestava. Não sei se por causa da adolescência — o pai, Nero Macedo, muito metido na política de Goiás, prócer no movimento de 1930, comandante de tropas provisórias (legalistas) em 1932, deputado, senador (perdeu o mandato quase inteiro em 1937); esse convívio desagradável com a política (ou politiqueira, como dizia) o afastara do ideologismo geral dos moços do seu tempo; ele era apenas médico e não tinha confiança em pregações ideológicas.

Mas do general Castelo Branco ele gostava, com Castelo conversava, confiava nele.

Já o que nós fazíamos era conspiração mesmo: saber onde estava a tropa, o que tinha havido, se o coronel fulano tinha se manifestado, se o coronel beltrano era de confiança, que fulaninho era muito ambicioso, só queria se meter com a gente procurando posições, que se tinham sérias desconfianças de que fulano traía — era conversa de conspiração, no duro. Naturalmente que comigo eles não se abriam ou se aprofundavam muito. Eles me usavam como jornalista, eu opinava muito e era muito lida. Mas os trâmites secretos da conspiração eu não me metia a saber. Mesmo porque não eram da minha alçada. Nem mesmo da de Adonias. Nunca se chegava aos detalhes militares. Mas o lado político, de pregação, de jornalismo de combate, de artigos de encomenda, de nos trazerem assuntos para a gente falar, isso era o nosso trabalho.

Aconteceu que nós, Oyama e eu, fomos para o sertão, já nos últimos suspiros das aventuras de Jango. Acompanhávamos os acontecimentos pela televisão — em 1964 eu tinha na fazenda uma pequena TV que Namir me dera, a tela do tamanho de um postal, ligada à bateria do carro.

O golpe de 31 de março a gente previu, mas não se foi avisado de nada. Nem se tinha como avisar. Antes, quando ele estava ainda em Pernambuco, o general Castelo, quando vinha ao Rio, nos telefonava e ia lá em casa para saber o que a gente "estava conspirando". Eu perguntava aos outros como é que eu faria quando ele viesse e fizesse indagações. Eles diziam: "Conta logo tudo, o que a gente quer é que ele se comprometa."

E eu contava tudo o que sabia do que estava se passando. Ele, depois, ia de um a um conferir o que havia de verdade ou de exagero. Mas não se pronunciava. A gente esperando desesperadamente uma palavra, um movimento dele, mas o general Castelo não se manifestava. Depois ele foi para o comando do Estado-Maior, no QG, e lá ficou feito uma aranha, juntando todos os fios. Ele mesmo, porém, não aparecia, não se pronunciava. Mas sabia de tudo que estava se passando, tudo que estava se preparando. Pelo menos era essa a nossa impressão, que ele nunca desmentiu.

Quando veio o levante de 31 de março, como eu já disse, nós estávamos no Ceará, no sertão. Logo depois recebemos um telegrama dele assinado marechal Humberto de Alencar Castelo Branco, presidente da República.

Depois, com Castelo presidente, nunca me envolvi diretamente na política, senão como comentarista. Deixei de tomar parte, não quis, não aceitamos nada. Oyama dizia: "Presidente, eu chego a ir para a guerra com o senhor, na hora em que o senhor quiser. Posso até morrer lá. Mas não me meta em política."

As únicas coisas que o presidente exigiu de mim (quase tudo através de Paulo Sarasate, que era um amigo fraterno meu): uma foi entrar para o diretório da Arena, pois ele queria intelectuais dentro do partido; outra foi a ida para os Estados Unidos como delegada do Brasil à Assembleia da ONU, em 1966. Oyama não queria ir, mas acabou concordando; fomos e foi muito bom. Foi quando conhecemos e ficamos amigos de Sérgio Correia da Costa, embaixador lá.

O presidente Castelo Branco costumava ir à nossa casa sempre que vinha de Brasília ao Rio de Janeiro. Telefonava, perguntava se estávamos sozinhos pois queria "desabafar".

Chegava e realmente desabafava. E nós guardávamos o maior silêncio, não comentávamos nada do que ele nos dizia, nem mesmo com Adonias. Isso já depois de ele ser presidente. Antes, nunca "desabafara" conosco. Creio que por questão de honra e ética militar achava que não podia. Aliás, nunca conspirou propriamente. Aderiu quando achou que devia aderir, então já de peito aberto, em pleno movimento militar. Mas sempre foi muito discreto, como era do feitio dele. Contudo, cada passo, cada movimento da revolução, a gente discutia, debatia com ele; ele perguntava a nossa opinião, escutava naquele seu jeito discreto. Me provocava muito, me fazia dizer opiniões radicais sobre uma coisa ou outra e comentava: "Imagine, que loucura se se fosse seguir seus conselhos!"

Isso durante todos os passos da revolução. Quando havia manifestação contra o governo ele vinha comentar conosco. Por exemplo, naquela vaia que recebeu dos estudantes, da qual fazia parte o filho de Rodrigo (Melo Franco), Joaquim Pedro, a quem acabaram prendendo e nós fizemos soltar.

As histórias de Carlos Lacerda — todo o romance Castelo *versus* Carlos Lacerda — nós acompanhamos passo a passo, a grande mágoa, a grande desilusão do presidente quando Carlos rompeu com ele daquela maneira brutal. E depois, quando veio a fase conspiratória do grupo de Costa e Silva: houve um momento em que Castelo chegou a pensar que estava deposto. Por ele soubemos tudo, com detalhes.

Quando o general Costa e Silva subiu, por mim eu já teria me afastado. Ainda assim, o presidente me obrigou a fazer um artigo sobre o primeiro mês do governo Costa e Silva, artigo imparcial e até elogioso.

Nunca cheguei a conhecer pessoalmente o general Costa e Silva. Nunca falei com ele em toda a minha vida. Quando Castelo morreu, em julho, eu já estava completamente desligada do movimento. O governo Costa e Silva afastou praticamente os "nossos" generais — sobrou apenas Golbery. E os outros só voltaram quando veio o governo Médici. Ao escolherem o general Médici, sucedendo à Junta Militar, depois de todos aqueles dramas da prisão de Pedro Aleixo, da morte de Costa e Silva etc., quando eles pensaram que com a eleição de Médici voltava tudo ao que fora, foi que começou a guerrilha urbana, a guerra de Caparaó: a revolução endureceu, mas não éramos informados de nada.

Eu tive a prudência de jamais me aproximar deles, do ponto de vista ideológico. Com aquilo eu não tinha nada a ver. O único contato que tive com o pessoal do governo, depois da morte do presidente Castelo, foi com o presidente Médici: chamada por ele para discutir a aposentadoria rural, o Funrural. E ainda hoje me felicito por ter colaborado nisso em uma parte mínima, principalmente com o meu entusiasmo. Porque acho que foi uma das medidas mais importantes que qualquer governo brasileiro já tomou: estender a Previdência à área rural. Já escrevi isso e considero que representa um fato social tão importante quanto foi, a seu tempo, a abolição da escravatura.

Depois veio a repressão contra a guerrilha urbana, mas, aqui fora, a gente não sabia de nada. E creio que o próprio Médici ignorava os detalhes mais sórdidos. Acho que se fazia tudo isso nos tais "porões" e ele, talvez, procurasse ser enganado, não sei. Sei que ele não dava a impressão de um homem feroz e repressor. Creio que, como militar, separava muito os direitos e deveres — o que considero um erro, mas talvez fosse a mentalidade dele.

Com o governo Geisel só tive relações de cortesia, telegramas etc., e boas relações com Amália Geisel, filha do general, que é uma moça de primeira qualidade. Com o presidente Figueiredo praticamente não estive. Para marcar bem a minha posição basta que eu diga que, em vida minha, nunca botei os pés no palácio do Planalto ou no palácio da Alvorada, até o dia de hoje. Isso mostra a distância prudente em que sempre me coloquei.

41

Academia

Eu nunca tinha tido a ideia de entrar para a Academia Brasileira de Letras. Inicialmente havia a proibição à entrada de mulheres. Mas nem isso me preocupou, porque jamais tive espírito associativo, nunca participei de clubes literários e congêneres, talvez por preguiça ou indisciplina; na verdade, porque sempre tive a convicção íntima de que, na vida artística ou literária, a única coisa que importa é o que você escreve, o que você pinta, o que você cria. Jamais ninguém me convenceu de que você melhora ou piora a sua qualidade literária se passar a frequentar associações, sessões culturais e o mais do gênero. Para mim, a arte é só o corpo a corpo entre você e a criação. Aquele duro combate entre a ideia e a sua transposição ao papel. Como dizia o poeta, "a palavra pesada abafa a ideia leve/que, perfume e clarão,/refulgia e voava".

Sempre trabalhei sozinha. Escondido, às vezes. *O Quinze*, por exemplo, como já contei, foi escrito no maior mistério. Só depois de pronto, mamãe e papai o viram. Nunca dei a ninguém para ler nenhum manuscrito meu. Talvez por isso não procurasse comunicação com os colegas e quase não frequentasse associações literárias que, nos meus começos, pululavam no Ceará. Assim, a entrada na Academia nunca fez parte dos meus sonhos. Claro que, como todo artista, eu desejava ser conhecida e famosa. Mas, uma vez impresso o livro e posto na rua, eu entrava em pânico (ainda hoje entro), prevendo apenas críticas severas, rejeição — o desastre.

Isso de eu não frequentar clubes literários não quer dizer que não tivesse amigos literatos. Pelo contrário, sempre os tive e de preferência a quaisquer outros. Mas cada um era um, ele ou ela, e sempre discutíamos os trabalhos alheios e não os nossos.

Com o correr dos anos, entretanto, os meus amigos mais próximos foram entrando para a Academia: Adonias Filho, Otávio de Faria, Afonsinho (Afonso Arinos), Aurélio Buarque. Muitas vezes, às quintas-feiras, quando saíamos do Conselho de Cultura e os conselheiros acadêmicos nos abandonavam, dirigindo-se, a pé, para a Academia, que ficava a uma quadra de distância, eles brincavam conosco, "os excluídos". Mas a ideia de me fazer entrar para a Academia foi de Adonias Filho.

Nós sempre tínhamos andado juntos, ele, eu e Otávio; escrevíamos nos mesmos jornais, tínhamos o mesmo editor, discutíamos constantemente as nossas divergências políticas, encontravamo-nos diariamente, éramos praticamente inseparáveis.

Então morreu um acadêmico e nós todos resolvemos que Adonias entraria para a vaga. Chegamos, Otávio e eu, a ir pedir votos para ele; Jorge Amado ajudou, Afrânio Coutinho e os demais baianos da Casa. Não sei mais quem era o seu contrário, mas Adonias ganhou com boa votação.

Adonias acadêmico, chegou a vez de Otávio. Foi meio difícil porque Otávio não ajudava, se escondia, ia para Petrópolis nos dias cruciais. Mas vencemos também.

Eles dois lá dentro, consideravam uma espécie de traição terem me deixado de fora. Também havia na Casa outros amigos meus com a mesma ideia. Confesso que fiquei na moita. Primeiro, como já contei, nunca me ocorrera a ideia de me candidatar. E quando Otávio e Adonias me falavam no assunto, eu tinha um argumento irrespondível: mulher não pode entrar para a Academia. Eles então se dedicaram à nova frente de batalha: a entrada de mulher para a Academia. Não contaram, contudo, com a minha colaboração em nada. Como já disse, sou tímida e jamais lutei por títulos, premiações, lauréis.

Quando vi a luta armar-se entre os que eram a favor e os que eram contra a presença de mulheres, antecipei a ida para o sertão e fui com Oyama me esconder no Não Me Deixes.

Nesse tempo não tínhamos ainda telefone na fazenda, e, como eu nunca escrevo cartas, pouco as recebo também. Não posso nem dar detalhes da campanha na Academia, porque de nada sabia. Eles, aliás, evitavam mesmo me falar, com medo de que eu atrapalhasse ou que a coisa não vingasse.

Cheguei de volta ao Rio uma semana antes da eleição. Adonias, Otávio, Odilo Costa Filho, Viana Moog trabalharam freneticamente. Meu opositor era o jurista Pontes de Miranda, em quem, logo depois de eleita, tive o prazer de votar, na eleição que o consagrou.

Uma vez na Academia, ao contrário do que esperava, senti-me muito bem. Desapareceram os opositores, só encontrei carinho e fraternidade.

Logo depois tivemos a satisfação de eleger Dinah Silveira de Queiroz, que, ao contrário de mim, era abertamente candidata havia muito tempo. Eu não compreenderia estar na Academia sem a presença de Dinah, uma grande escritora, a cujo desabrochar assisti, encantada; fazia um gênero diferente do meu, mais sentimento, mais emoção, em contraste com o meu ríspido estilo. Apesar disso, ou por isso, éramos amigas e irmãs. Ela, mulher do meu primo predileto, Narcélio de Queiroz, desde quando noiva entrara na minha vida. Filha de intelectual, o mestre Alarico Silveira, o seu hábitat natural era o mundo literário. Foi vitoriosa logo ao primeiro romance, o belo *Floradas na serra*. E continuou, de livro em livro, de vitória em vitória, até morrer, cedo demais, deixando um vazio enorme, não apenas o da consagrada escritora, como também o da amiga insubstituível.

Austregésilo de Ataíde, segundo me contavam, era, a princípio, contrário à ideia da entrada de mulheres para a Academia. Mas há duas versões da história: para Adonias, ele se "converteu" à mudança quando viu que a minha entrada era um fato consumado. A mim ele dizia que, se dantes fora contra as mulheres, ao saber que era o meu o nome apresentado, virou a casaca e foi o meu mais entusiasta eleitor. Preferi, é claro, aceitar a versão dele. E fui recompensada com uma amizade sólida, um carinho, uma assistência que nunca me faltou até a sua morte; o eterno presidente da Academia, cargo que ocupou durante trinta e cinco anos, eleito e reeleito sempre por unanimidade, até que foi ocupar o seu lugar no mausoléu dos acadêmicos. Construído por ele, aliás.

42

Livros

Em todas as casas onde Rachel morou, ou mora, no Rio ou no sertão, as paredes que não abrigam quadros são cobertas por estantes de livros. Livros de toda espécie, nacionais, portugueses, franceses, ingleses, antigos e novos, livros dos amigos escritores, numa certa miscelânea, mas tem de tudo. E mais os clássicos — literatura, história, arte, biografias (uma das suas leituras prediletas, desde as cabeças coroadas da Europa às estrelas de cinema). Entretanto, o que ocupa mais espaço, literalmente metros e metros, às vezes em fila dupla, são os pocket-books policiais. De Agatha Christie aos mais sofisticados, Dashiell Hammett, Raymond Chandler, Ngaio Marsh, Rex Stout (uma paixão), Mick Spillane (não gosta muito), John Le Carré; de franceses, apenas Simenon. Além desses, os mais modernos, Patricia Highsmith, Josephine Tey e tantos e tantos mais. Há também os do segundo time, que ocupam a fila de trás nas prateleiras. E ela os conserva todos, não se desfaz de nenhum. (Uma vez estava eu procurando um livro no alto da estante do corredor, no seu apartamento, quando a prateleira desprendeu-se e, com todo aquele peso, quase me matou.)

Os amigos que viajam sempre lhe trazem pocket-books — o melhor presente. Isso já desde muito tempo: uma das suas fornecedoras de romances policiais foi Elizabeth Bishop, a grande poeta americana. Elizabeth, também aficionada ao gênero, lia os livros e os que mais amava passava para Rachel, sempre como aval de qualidade, assinando na primeira página. Lota (de Macedo Soares) também era outra grande abastecedora. E nosso muito querido e saudosíssimo Odilo Costa Filho. Mas Odilo não se limitava aos policiais, era absolutamente eclético (e lúdico): novos clássicos ou novas edições com belas capas coloridas de Virginia Woolf, Joyce, Thomas Mann, tudo ele trazia, emprestava e fazia questão de que lêssemos. Para depois comentar.

Fora essas fontes, Rachel ainda frequentava os sebos, onde comprava os livrinhos por quilo. Levava-os em caixotes para o Não Me Deixes, tendo assim leitura assegurada para as grandes temporadas que passava no sertão, quando Oyama era vivo. Bons ou ruins, lia-os todos, alternando com os gêneros sérios: política, guerra (sobre o nazismo e a Segunda Grande Guerra, creio que leu tudo o que já se escreveu a respeito), história, sociologia e literatura, claro.

Além disso tudo, lê quatro jornais por dia. (Diz ela que com os problemas da vista agora só lê dois.)

Rachel é uma das pessoas mais bem-informadas e mais sabidas que conheço. Com ela por perto não se precisa consultar enciclopédias nem ler fofocas de revista. Quem foi o soberano inglês decapitado no século tal? Ela sabe. Sabe quem foi o pai, a mãe, a amante, se ele era bonito ou feio e todas as consequências dos seus maus hábitos. Quem foi o jornalista que escreveu tal coisa sobre fulano, há quarenta anos? Ela também sabe. Como é que se constrói uma casa ou se faz uma fritada de siri? Ela já construiu casas e faz uma divina fritada de siri. Mas pergunte como é o nome do remédio que está tomando agora, para a dor, ou o diabetes, ou qualquer outro mal. Ela não sabe. Diz só que é um comprimidinho azul, verde ou cor-de-rosa.

43

Não Me Deixes

Falando desta festa de hoje — São João —, me lembro das festas que a gente dava aqui, Isinha, quando os seus meninos eram pequenos. E também me lembro da festa de inauguração do Não Me Deixes.

Mas a história que vou contar se passou no ano de 1920. Foi um inverno muito grande, a várzea do Junco dando nado. Papai mandou selar dois cavalos para nós, ele no Kaiser, um cavalo de raça, inglês, eu no meu alazão que tinha começado a montar. Chegamos aqui no Não Me Deixes: só tinha mato. Papai falou: "Vou levá-la a um lugar onde você vai situar a sua fazenda." Já contei isso em crônica, mas vou contar agora, nessas tais de memórias, porque foi verdade.

A lagoa do Seixo estava linda e, pelo cheiro, que me lembro, do aguapé, devia ser mês de maio ou junho. Tudo ainda florido. Quarenta e sete anos depois, o presidente Castelo Branco esteve aqui, na véspera de morrer no desastre de avião. E uma das últimas visões do mundo que ele teve foi a lagoa do Não Me Deixes, a lagoa do Seixo, cheia da flor dos umaris bravos, dos ipês, dos aguapés.

Pois como eu contava, papai me levou até a lagoa por umas picadas abertas no mato, tudo fechado. Então eu falei: "Você vai me dar esta fazenda? Pois vou fazer a minha casa aqui."

Ele disse: "Não, você vai fazer sua casa junto do açude."

E me trouxe para este alto. Lá embaixo o açude arrombado e em cima do alto, onde estávamos, havia muitos angicos — um bosque de angicos onde são hoje as algarobas. Não havia casa nenhuma. E ele disse, naquele dia, que era para eu fazer a minha casa mais em cima. (Oyama, contudo, resolveu fazer a casa aqui, no meio da encosta.) Depois eu disse que iria botar o curral junto da casa. Papai falou que não, o curral tinha que ser do outro lado, mais distante, por causa das moscas e para que as águas sujas de estrume não corressem para o açude.

"Mande o seu marido fazer a casa virada para o nascente. E, quando se casar, venha morar aqui."

Fiquei muito entusiasmada, adotei a ideia e depois, sempre que se falava em partilha, posterior à morte de papai, eu dizia: "Eu já tenho a minha parte: o Não Me Deixes." E todo mundo zombava de mim, porque o Não Me Deixes era um buraco no meio do mato, longe da estação do trem, não tinha casa, não tinha nada. Mas não me esqueci daquela declaração de papai e nunca abri mão do Não Me Deixes.

Quando mamãe morreu e fomos separar as fazendas, eu pedi o Não Me Deixes, tranquilamente, fosse embora a mais abandonada, a mais desprotegida. Maria Luiza ficou com o Arizona. A propósito desse nome, é bom lembrar o que Luciano contou ante a minha reclamação por ele dar um nome americano à fazenda. Quando fora registrar o açude na Inspetoria, ao dizer o nome antigo da fazenda, que era Itália, os funcionários alegaram que não podia ser, o Brasil estava em guerra com a Itália: ele que arranjasse outro nome. Luciano ficou aturdido, sem saber o que fazer. Então viu em cima do balcão um maço de cigarros marca Arizona. E como já tinha simpatia pelo nome, por causa dos filmes de faroeste, declarou: "Pois vai ser Arizona." E assim foi posto o nome da fazenda, que, aliás, eu acho bonito: Arizona.

Mamãe morreu no mês de fevereiro. Quando chegou o verão, eu e Oyama viemos para o Junco. Roberto, nesse tempo, era juiz em Pacatuba. Ele nos ajudava no que podia, mas dizia brincando que quem quisesse que viesse tomar conta das suas terras. E nos arranjou emprestado um jipe — um Land Rover inglês, importado, deveria ser excedente de guerra, embora já se estivesse em 1954. Foi esse jipe que permitiu a construção da casa.

Oyama logo se apaixonou pela fazenda. Luciano já tinha tapado parte da parede do açude; Oyama então contratou um sujeito de fora — um cara de suíças, todo enfeitado de cordões de ouro; trouxe os homens dele e empreitou a parede por vinte contos.

Oyama começou então a fazer os tijolos da nossa casa futura. O oleiro era o mestre Diu.

Ao recebermos a fazenda, já moravam aqui Chico Barbosa, Eliseu e Pedro Ferreira, em casas espalhadas, e, de certa forma, tomavam conta da terra. Fizemos novas casas para eles, já formando o quadrado do pátio.

Oyama, homem de rua, não entendia muito de fazenda, mas tinha aquele instinto, aquela vontade de acertar. E eu ajudava porque era muito metida a sabida e realmente entendia de tudo aquilo mais do que ele, que se fiava nas minhas informações. E dava certo. Hoje, a fazenda não destoa de nada, parece que tem cento e cinquenta anos e não trinta e poucos de assentada.

Bom: os angicos, Luciano tinha botado abaixo muita madeira, numa grande venda de lenha ou dormentes para a Estrada de Ferro, feita por ele, pouco antes de morrer. Este quadrado aqui da frente estava, pois, bastante devastado.

Como já contei, encomendamos os tijolos ao mestre Diu, mas ele não fez foi nada. Em 1954 preparou-se o curral, tratou-se de aumentar o açude e recebemos a semente de gado — vinte e nove cabeças, porque mamãe tinha diminuído muito o rebanho quando foi para o Rio de Janeiro, talvez por dificuldades de dinheiro. Deviam restar cerca de noventa cabeças, já que cada um de nós recebeu vinte e nove reses. Com essa semente começamos aqui, mais algumas ovelhas e algumas cabras.

Quando viemos em 1955, Oyama ainda trabalhava no hospital, mas juntando férias, no maior esforço possível, conseguimos vir para cá e levantar a casa. Fizemos com gente nossa o tijolo, compramos um carro de trem cheio de telhas, lá no Baú. Foi a única coisa que não saiu do Não Me Deixes: as telhas e algumas ferragens. O resto é tudo daqui. Das matas foi tirada a madeira da casa: Oyama até que desperdiçou muito cumaru.

Tínhamos descoberto um mestre, João Miguel, muito competente; o mestre me tomou amizade, fazia tudo o que eu queria. Oyama não entendia nada de construção, mas eu tinha as minhas tintas. E quando quis fazer o telhado de tacaniça, de quatro águas, igual ao do Junco, e o mestre não entendia muito bem as minhas explicações, peguei uma porção de varinhas de mata-pasto, raspei-as e armei o telhado, as vigas, as linhas, tudo em miniatura — uma maquete de telhado. Ele ficou tão entusiasmado que — depois me contaram — guardou essa maquete durante anos e anos, "lembrança de dona Rachel".

Mestre João era um homem muito excêntrico, bebia muito, era calado, mas para mim e Oyama foi de uma dedicação muito grande, foi nosso amigo até morrer. Tempos depois da construção se separou da mulher, raptou uma filha (de catorze anos) do nosso morador Pedro Cigano, teve não sei quantos filhos com ela e muito cedo morreu do coração.

Bem, fizemos a casa. E no dia em que se pôs a viga da cumeeira, preparamos uma festa. Mandei fazer vários potes de aluá, uma quantidade imensa de cocada, bolo de milho, essas iguarias sertanejas todas. Contratamos um tocador até meia-noite, mas então o pessoal não se conformou e dançou até de madrugada.

Ainda hoje tem gente que se lembra dessa festa: quanto se dançou aqui. Era uma noite muito bonita, uma noite de lua. Mandamos para cá as lâmpadas Aladim do Junco — aliás, toda essa preparação vinha mesmo da casa do Junco, onde ficávamos.

Depois disso, Oyama não precisou mais do meu estímulo para fazer coisas aqui. No Não Me Deixes ele encontrou a vocação, o destino e, de certa forma, a felicidade. Ele, que era um homem tão cético, tão desambicioso, aqui ficava outro, animado, risonho, brincalhão; adorava sair com os caboclos para o mato, cortar madeira para as casas, para as cercas. Realmente, era essa a verdadeira vocação dele; e foi também um duro aprendizado, porque ele não conhecia nada do sertão e teve que conquistar o pessoal. Talvez a condição de médico ajudasse, e o jeito dele, discreto. O povo daqui não gosta de gente muito atirada. Sei que se criou um amor muito grande, uma amizade muito sincera entre ele e o nosso pessoal. Ainda hoje — literalmente — choram por ele.

Engraçado, Oyama assumiu todas as atitudes de papai e, praticamente sem ter visto como papai agia, fazia o mesmo, mais por instinto. Como aquele costume de ficar à noite deitado na rede do alpendre conversando com os caboclos. Depois que todos iam embora é que ele entrava, reassumia o Oyama antigo e ia tomar o vinho dele. Como se diz, a gente era tão feliz e não sabia.

Quando mais tarde perdi Oyama, passei algum tempo sem querer voltar ao Não Me Deixes. Iria doer demais.

Mas certo dia recebi, vinda de Quixadá, uma carta de minha amiga Rosita (que, de tempos antes, já era a nossa "procuradora" no Ceará — pagava contas, lidava com o banco, visitava regularmente a fazenda e o pessoal). Nessa carta me avisava que o sertão estava lindo e os paus-brancos do pátio em flor, o verde cercando tudo, abertas as flores dos aguapés das lagoas e levando longe aquele seu perfume especial.

Não resisti, fui um pouco com medo — e deu certo. Lá, realmente, é o meu lugar. Cada volta minha é um regresso. E sinto que lá é o meu permanente. O Rio é o provisório.

44

Extremas

Diz a escritura: "*Coube à herdeira a fazenda Arizona, antiga Itália, constituída por um corpo de terra de criar e plantar, situada no município e comarca de Quixadá, com casas de moradores, cercados e um açude em construção, à margem direita do rio Choró, com meia légua de fundos e dentro dos seguintes limites: ao nascente, com a fazenda Longá; ao sul, com a fazenda Junco, onde se completa a meia légua da beira do rio; ao poente, com a fazenda Umari; e ao norte, com a fazenda Califórnia, pelo leito do rio Choró, havida por compra*" *etc. etc.*

Acho que para nós três, Rachel, Roberto e eu, essa ruptura do bloco de terras que constituía o Junco doeu muito. Agora era cada um para o seu lado, eu e Rachel tendo de arrancar o Junco do coração, mas precisando sempre atravessar as suas terras para chegar às nossas.

Assim, ficou sendo meu aquele corpo de terra, com suas croás de beira do rio, suas esplanadas nuas, seu vento fresco, seus verdes cambiantes no inverno — do musgo ao alface —, sua aridez agressiva no verão. Na ilusão de dona, de cima da parede do açude, fico olhando tudo aquilo que o papel diz que é meu, dou ordens que não são cumpridas, pois eles, os moradores, são, na verdade, mais donos do que a dona

E um dia, quem sabe, quando "o sertão virar mar e o mar virar sertão", ali vai se espraiar um grande parque cheio de atrações: pomar de frutas raras, jardins subindo pelas encostas, passeios de barco pelo rio. E serenos voos de asa-delta

Afinal, sonhar pelo menos eu posso.

45

Disco voador

Aqui no Não Me Deixes são quase seis horas da tarde. A nos acompanhar está o pio da coruja, pois já anoitece. Eu detesto pio de coruja, mas Rachel gosta. O tetéu do açude já cantou três vezes e alguma coisa assustou os cachorros, pois eles não param de latir. No curral os bezerros se atropelam, inquietos. Começa a chover.

Seis horas da tarde, numa noite de inverno, a corujinha, de que Isinha não gosta, está cantando e eu me lembro de outras seis horas da tarde, aqui no Não Me Deixes. Foi em 1960. Faz vinte e nove anos. Nós estávamos sentados no alpendre. Tia Arcelina tinha vindo passar o dia conosco, o céu ainda relativamente claro e se começou a conversar de satélites, que eram a grande novidade do tempo. Os caboclos prestavam muita atenção a eles; Eliseu, principalmente (muito dado às coisas do céu, da alma), seria mesmo um tanto metafísico, contava muita história de assombração. Tínhamos nos distraído um pouco quando, de repente, Eliseu deu um grito: "Olha que satélite grande!"

Todos nos viramos e vimos que, na direção norte, estava mesmo aparecendo uma luz. Ficava assim, como eles diziam, a duas braças do horizonte, no alto. Digamos que no terço inferior do céu, perto do horizonte; aquela luz forte, levemente alaranjada, com uma espécie de halo azulado, mas muito pouco perceptível. Era como uma luz comum, uma luz de avião, como se vê no campo; ou um farol de carro; mas que, então, começou a se movimentar horizontalmente.

Todos disseram então que era um avião ou um balão. A luz se aproximou, cresceu e então foi que se viu o tal halo. Depois ela subiu, demorou um pouco; era mais ou menos um oitavo da esfera celeste que ela percorria e ficava peneirando no ar. As mulheres se puseram a chorar: a comadre Maria e a mulher de Pedro Ferreira, que era muito nervosa, se valendo de Nossa Senhora do Perpétuo Socorro, começaram a gritar que era o fim do mundo, que era disco voador.

A exibição da luz durou uns vinte minutos, então se apagou bruscamente, depois acendeu outra vez. Todos ficamos surpresos e quietos; as pessoas mais céticas diante do incompreensível, do inexplicável, ficam pelo menos perplexas, mormente se não são muito arrogantes.

Afinal, a luz se apagou, como se fosse por um comutador que se fechasse. Tia Arcelina ficou muito assustada, achou que tinha visto mesmo um disco voador, depois foi para casa, na fazenda dela, a Guanabara.

No dia seguinte começaram a chegar as narrativas de testemunhas. De todas as distâncias vinham pessoas, a pé, de carro, conversar, contar o que tinham visto; e todos narravam a mesma história: a luz começava vindo do oeste em direção a leste, mas sempre ao norte. A direção dela variava na horizontal ou vertical, mas sempre nessa orientação.

Posteriormente saíram notícias no jornal — nós não tínhamos televisão ainda, mas os rádios contavam. E depois, um rapaz de *O Cruzeiro* começou a fazer um apanhado de todas as aparições desse suposto disco voador: pela história dele, a luz começara a se mostrar em Sergipe e fora até o Piauí, além da Serra Grande. Pelos testemunhos, um médico de Natal, um padre de Sergipe, eu (estou espalhando um pouco ao acaso, mas houve um médico, um padre e eu), todos de pessoas sensatas, capazes de dar um testemunho sem magnificar, nem exagerar. E, segundo esse rapaz de *O Cruzeiro*, o disco estava fazendo um trabalho regular de triangulação, como se realizasse uma medição daquela área, numa espécie de cálculo de trigonometria aérea.

Essa foi a história do disco voador aqui no Não Me Deixes. Estão sempre me perguntando por isso e eu dou aqui o meu testemunho.

De quase todas as histórias que se contam a respeito, o fato é que os discos voadores avistados não passavam, decerto, de imaginação das pessoas.

Bem, mas por outro lado, o que era isso que eu vi? Não estou mentindo, todas as pessoas davam o mesmo testemunho, sem haver combinação prévia: o pessoal da fazenda Fonseca, um sujeito de Quixadá, outro de Serra Azul, alguns de Quixeramobim. E tudo sem divulgação anterior, na sequência imediata do que apareceu aqui. Que foi isso que a gente viu? Um balão não era. Mas também nunca acreditei em disco voador. Essa experiência que tive representou justamente o impacto do inexplicável.

Não era um satélite, porque não tinha uma órbita segura; não era um avião, já que ficava peneirando no ar; não era um helicóptero, porque não fazia o menor barulho, era absolutamente silencioso, mesmo quando se aproximava. No entanto, eu vi aquilo. Eu vi! Como diz o personagem da novela: "Meninos, eu vi!" (Veja você, a novela se sobrepõe aos clássicos. A gente, em vez de citar Gonçalves Dias, cita a novela.) Em todo caso, eu vi, meninos, eu vi. Mas sempre aquela metade incrédula da nossa mente fica em dúvida. Tem que haver uma explicação clara do que era aquilo. Creio que talvez um dos maiores erros da ficção científica, como o de todas essas projeções de futuro ou andanças no espaço sideral, é se fazer associação com coisas metafísicas, lições de moral, de ética, ou dar um cunho religioso a coisas que são apenas um processo científico que está se desenvolvendo — ou já se desenvolveu, talvez.

Depois dessas pesquisas, dessas sondas que estiveram em Marte, até em Júpiter, nunca nos veio testemunho nenhum de vida. Por mim, já estou muito descrente e tenho a impressão de que o ser vivo é um fenômeno peculiar à Terra. O nosso sistema solar é, fora de dúvida, o único na galáxia, mas sei lá. Você já pensou que essa história de galáxia pode ser conversa de astrônomo e depois vir uma teoria nova derrubar isso tudo e ser completamente diferente?

Lembro de papai contar que um compadre dele, aqui do sertão, Zé Quirino, falava: "Compadre, eu penso que esses homens, esses doutores que estudam o céu, dizem assim: 'Existem tantos e tantos milhões de estrelas no céu. Quem duvidar, que vá contar!'"

Assim como Zé Quirino, eu também sou cética. Nenhum desses escritores de ficção científica é propriamente um cientista. Embora tenham uma grande base de estudo, têm também um excesso de imaginação. São poetas, são mágicos. Aliás, dentro de dados disponíveis, você pode sair para as projeções mais alucinantes. Eu posso escrever um livro criando um mundo monstruoso, ou mágico, ou um mundo angélico, feito de bebês de proveta; mas só podemos imaginar o tempo em que a ciência já tiver interferência no processo de formação do cérebro, do espírito, desses valores que ainda hoje são inacessíveis e que não se podem criar nem repetir. Acho que a imaginação, dentro da ciência, é a grande louca, capaz de tudo. E tendo cálculos confiáveis para se projetar, podem-se criar as concepções mais fantásticas. Mas até onde isso será possibilidade? Depois, toda teoria científica só tem base quando a experiência a prova. E até hoje, ao que eu saiba, provadamente, cientificamente, nunca se teve comunicação nenhuma com nenhum mundo exterior. Nem por rádio nem por nenhuma outra forma conhecida de comunicação. Além do mais, é como religião. Um religioso, por exemplo, pode alegar que viu um milagre, conta o milagre com toda a verossimilhança, mas na verdade há muito mais boa vontade em acreditar naquilo do que provas concretas. Esses milagres da ciência no espaço são a mesma coisa. Não me comovem, não me falam ao coração. Até de certa forma me irritam um pouco, porque pode ser e não é. Ou pelo menos até agora ninguém me provou que é.

46

Padre Cícero

Sendo eu professora da Escola Normal de Fortaleza, fui nomeada para fazer parte de uma banca examinadora na Escola Normal de Juazeiro. Fomos eu e as professoras Edith Dinoah e Ângela Valente. Eram ambas senhoras maduras e eu não tinha feito vinte anos. Por isso, arranjei maneira de levar Alba Frota comigo. A banca examinadora deveria também funcionar no Crato, mas eu me interessava mais por Juazeiro. O padre Cícero ainda estava vivo e papai fora e ainda era amigo político dele. Durante a já falada revolução de 1914, que depusera a oligarquia Acióli, papai era seu correligionário. Ele, tio Batista e tio Pedro eram então chamados os "doutores de Quixadá", e o padre velho guardava recordações muito afetuosas de papai.

Logo ao chegarmos a Juazeiro, recebi a visita de José Fausto Guimarães, secretário do padre Cícero, que lhe dera a informação de minha presença no hotel da cidade. Trazia-me o secretário um convite solene para visitar "meu padrinho".

Fui. E me deparei com uma casa com parede de tijolo, chão de tijolo, de porta e janela, grande mas modestíssima. Havia na sala uma mesa comum encostada à parede, algumas cadeiras, poucas, e também modestíssimas. Numa rede desbotada sentava-se o padre Cícero, vestido na sua surrada batina preta. Beijei-lhe a mão, tomando a bênção. E ele, que já sabia quem eu era, perguntou pelo dr. Daniel e a família. Lembrou que papai era muito amigo do dr. Floro, já então morto (dr. Floro Bartolomeu da Costa, médico baiano que aportara havia muitos anos em Juazeiro, conquistara a amizade do padre e se fizera o seu mentor em matéria de política). Falava-se muito que o dr. Floro dominava absolutamente o padre velho, fazia-o assumir atitudes radicais na política estadual. Teria sido por influência do dr. Floro que o padre Cícero chegou a se candidatar e se eleger vice-presidente do estado. Sem nunca sair de Juazeiro.

O padre Cícero me impressionou, primeiro pela lucidez — estava com noventa anos —, depois pela cultura. Claro que era uma cultura, digamos, acadêmica clássica, obtida durante o período em que viveu em Roma. E ele gostava mesmo de *épater* um pouco. Recordo que durante uma das minhas visitas estava presente na sala um grupo de médicos, creio que vindos para um congresso. Na conversa o padre quis ler qualquer coisa, queixou-se dos óculos, dizendo: "Preciso ir a Fortaleza, consultar um oculogista"

Passou um sorriso pelos doutores, ante a palavra mal-empregada. O velho decerto viu esse sorriso, porque continuou: "Prefiro usar o radical latino *oculos*, em vez do grego *oftalmos*..." E os doutores novamente se entreolharam, dessa vez encabulados.

Em Juazeiro nos hospedáramos em casa de Amália Xavier, irmã do escritor Xavier de Oliveira e autora de uma das melhores biografias que já se escreveram do padre Cícero.

Na véspera da nossa partida, o padre me deu o seu retrato autografado (em latim) e me perguntou o que eu desejava levar como lembrança de Juazeiro. (Esse retrato me foi carregado pela polícia, posteriormente, numa das buscas lá em casa. Decerto o tira era devoto do padre, porque tirou a foto de entre os outros papéis e a guardou cuidadosamente no bolso de dentro do paletó.)

Respondendo à pergunta sobre a lembrança que eu desejava, pedi:

"Meu padrinho, eu gostaria de levar um punhalzinho do Juazeiro" (era um artesanato delicadíssimo que se fazia lá, punhal de cabo de ouro ou de prata, muito bonito). Na hora do meu embarque, eu ia tomar o trem pensando que ele tinha esquecido o presente, eis que chega José Fausto e me entrega um pequeno embrulho, o presente do padre: "Olha, Rachel, o que meu padrinho lhe mandou." Abri o embrulho, era um belíssimo crucifixo. E José Fausto explicou: "Meu padrinho mandou lhe dizer que este é o 'punhal do sacerdote.'"

No dia anterior eu assistira, pela manhã, à chamada "bênção matinal". Defronte à casa do padre, na rua de calçamento pé de moleque, juntava-se, desde cedo, bem cedinho, uma multidão. Às seis horas da manhã me convocaram e eu fui para assistir à bênção. Já estava a rua cheia, tinha talvez mais de duzentos homens, todos com a enxada ao ombro, mão estendida tomando a bênção. E o padre, em resposta, fez a sua famosa prédica:

> "Quem matou não mate mais,
> Quem roubou não roube mais,
> Quem tomou a mulher alheia entregue a mulher alheia e

faça penitência... Não briguem, não bebam, não façam desordem, meus filhos, que a luz de Nosso Senhor não gosta de assassinos nem de desordeiros... E que Deus os abençoe."

O pessoal começava então a bater no peito, chorando, contando pecados. E ele ia abençoando, vestido na sua batina velha remendada, a cabecinha muito branca.

Os homens traziam a enxada ao ombro porque vinham oferecer um dia de trabalho. Tinham feito promessa de dar um dia de serviço nos roçados de meu padrinho, que tinha, realmente, lá em Juazeiro, grandes roçados.

E o produto dessa planta era aplicado nos dois orfanatos que ele mantinha, nos pobres que socorria, na alimentação dos romeiros, em geral sem tostão no bolso. O resto, que se vendia, era aplicado também em caridade. No entanto muito se caluniou o padre Cícero, alegando que ele explorava o povo, a crendice, o fervor religioso, o que não é verdade. Na sua mão não ficava um real.

Assisti, numa tarde, à chegada de uns romeiros ricos de Alagoas, gente tão primitiva que tinham vindo a cavalo desde lá. Ajoelharam, tomaram a bênção e lhe entregavam pacotes e pacotes com notas e notas de dinheiro. O padre recebia o dinheiro e o passava para trás, às mãos da beata Mocinha, e dizia: "Vai, guarda."

Ele a chamava pelo nome verdadeiro, não sei se Francisca, não me lembro bem. Era, porém, para todos a beata Mocinha, vestida de preto, saia e casaco pretos, e a cabeça raspada à escovinha, como homem. As beatas, em geral, cortavam o cabelo.

A beata Mocinha era a dona da casa, a governanta. E o padre acrescentava ao lhe dar as notas: "Amanhã se distribui. Tem muita gente precisando."

Voltando à cerimônia da manhã: quando ele acabou de pregar os conselhos, depois que todo mundo se arrependeu, ajoelhado, batendo no peito, ele acrescentou: "Agora, para o trabalho: os Antônio para o roçado de cima; os José vão para o roçado do meio; os Francisco para isso, os Manuel para aquilo." Esgotou os nomes mais populares, terminando: "E os de nome diferente vão para o roçado grande."

Cada um saía disciplinadamente e ia trabalhar nos roçados do padre. E todos os dias havia essa cerimônia.

É, ele tinha mesmo o seu carisma; a gente sentia que havia um santo dentro daquele padre. O povo o canonizou. Mas a ortodoxia da Igreja o considerou um rebelde.

Quando seminarista, quase não foi ordenado; os padres do seminário sentiam nele as evidências de que se tratava de um místico. E de místicos espontâneos a ortodoxia tem medo. Assim mesmo, ele se ordenou e, depois de ordenado, foi para o bispado do Crato — sua terra. Deram-lhe o cargo de vigário em uma antiga fazenda chamada Juazeiro, onde já havia um aglomerado de casas, que servia à região rural em torno. Ali, o cariri não é semelhante ao resto do Nordeste. Não há grandes extensões de terras incultas, nem grandes latifúndios. A terra é muito fértil, muito fresca, e dava para se dividir em minifúndios. O padre Cícero, indo para a capela de Juazeiro, servia, também como vigário, àquela paróquia meio sem fronteiras.

E aos poucos, com as suas virtudes, com a sua pregação, com a sua caridade, a cidade de Juazeiro ia crescendo e crescendo em torno do padre. No lugar da capela, ele e o seu povo levantaram a Igreja de Nossa Senhora das Dores. E essa igreja era frequentada e zelada por um grupo de mulheres que se transformaram, mais tarde, nas famosas beatas. Como não havia nem conventos nem ordens regulares de religiosas, as beatas se reuniam, passavam a morar juntas numa casa e levavam vida de freiras, contudo não oficializadas, apenas se chamavam beatas.

Entre essas beatas distinguiu-se uma mulher, tuberculosa, magríssima, esquisita, por nome Maria de Araújo. A beata Maria de Araújo era tida como extremamente virtuosa. E um dia, ela, depois de comungar, sentiu algo na boca, abriu-a e viu-se que a hóstia estava coberta de sangue.

O fenômeno se repetiu por dias e dias. O padre Cícero pediu ao bispo de Fortaleza (não havia ainda o bispado do Crato) que mandasse a Juazeiro uma comissão de padres, de teólogos, para examinar o milagroso sucesso. Ele, pessoalmente, acreditava ser realmente o sangue de Cristo que embebia a hóstia. Foram guardados os lenços em que Maria de Araújo enxugava a boca. Vieram médicos e vieram padres. Ao primeiro exame, os padres acreditaram que se tratava de um milagre. Depois foram mudando de opinião. Um médico que testou a veracidade inexplicável daquele sangue, declarou: "Que os meus olhos ceguem se eu negar essa verdade."

Depois, esse médico, influenciado pela Igreja oficial, negou o que atestara e ficou cego. O povo de Juazeiro acrescentava tal cegueira à lista dos milagres do padre Cícero.

A Igreja, então, exigiu do padre uma prova de obediência: que ele declarasse considerar Maria de Araújo doente, farsante ou histérica, mas nunca uma santa.

Padre Cícero respondeu que não poderia fazer tal declaração, pois estava convencido de que a beata era uma santa. Esse foi o grande debate. Padre Cícero estava absolutamente certo de que Maria de Araújo era realmente uma santa e que o sangue que, em sua boca, brotava da hóstia era um milagre.

O caso não se resumiu ao local, a Juazeiro. Toda a Igreja oficial se revoltou contra as afirmações do padre Cícero. Sabe-se que a Igreja (claro que com razão) hesita muito antes de reconhecer um milagre. O reconhecimento de milagres pede muito tempo, muitas provas. Passam-se décadas e décadas antes que seja oficializado o milagre, embora proclamado pela fé e pela devoção do povo. A Igreja, pois, não aceitou o milagre de Maria de Araújo; exigiu que o padre fosse a Roma se explicar. Levaram-no a Roma e ele, lá, nunca se retratou. Então foi mandado para a cidade de Salgueiro, a algumas léguas de distância de Juazeiro; e a população de Juazeiro se deslocava para o procurar em Salgueiro. O padre acabou voltando para Juazeiro, mas proibido de celebrar missa e confessar: só em artigo de morte podia aceitar a confissão e dar a extrema-unção a um fiel. A consequência dessa proibição foi inesperada: de repente, abateu-se sobre Juazeiro uma "epidemia terrível": todos os paroquianos do padre sentiam-se em caso de morte e com direito a receber a extrema-unção dada pelo padre Cícero.

Essa situação durou até a morte dele. O padre jamais recuou das suas posições, nem a Igreja recuou das suas. E essa autoridade moral do padre, a liderança religiosa que exercia, trouxeram-lhe como consequência uma forte liderança política também. Foi então que veio se instalar em Juazeiro o médico baiano dr. Floro Bartolomeu da Costa, de quem já falei antes. Como médico do padre, o dr. Floro adquiriu a sua plena confiança. O padre Cícero delegou ao dr. Floro toda a parte, digamos, civil do seu poder. Ficou apenas com o poder religioso. O poderio político, administrativo, a chefia da região, tudo isso foi entregue pelo padre ao dr. Floro.

Nesse começo de século, reinavam então, por todo o Brasil, as oligarquias políticas: no Amazonas, os Néri; no Ceará, os Acióli; em Pernambuco, os Rosa e Silva; os Malta em Alagoas etc. Quase todo estado brasileiro era dominado por uma oligarquia que se sustentava no poder, ou reelegendo o mesmo governador, ou lhe elegendo o filho, o sobrinho, o cunhado, contanto que mantivesse a autoridade do seu grupo.

Em 1912-13-14, rebentou um grande movimento popular contra esse estado de coisas. No Ceará, a insurreição foi chefiada pelo coronel do Exército Marcos Franco Rabelo, criando o rabelismo. E os rabelistas conseguiram derrubar do poder o velho Acióli e sua família. Mas, como geralmente acontece com as revoluções, Franco Rabelo, a bandeira do movimento, não tinha formação política, era apenas um militar; não soube tirar partido da oportunidade, despido que era de qualquer capacidade de lidar com política.

Já o Acióli, o oligarca, mantivera-se na presidência do estado por mais de vinte anos. Quando precisava fazer alguma viagem ou se levantava muita onda em prol de nova eleição, ele "candidatava" um sobrinho, um genro, um compadre, e assim se mantinha no poder.

Na revolução dos rabelistas, contudo, as classes populares urbanas se insurgiram em massa: o velho Acióli foi deposto, tirado do palácio à força. As fábricas e os palacetes da família foram incendiados. Recordo uma cantiguinha popular do tempo, ao som de Zé Pereira: "Vamos ao palácio/arrancar à unha/o velho Acióli/e o Carneiro da Cunha."

Nós, crianças, cantávamos: "... arrancar a unha do velho Acióli e do Carneiro da Cunha."

Eu, muito pequena ainda, achava uma crueldade horrível arrancar as unhas dos coitados dos velhos.

Apesar da força e da extensão do movimento, Franco Rabelo não soube ou não pôde se manter no governo. Era presidente da República o marechal Hermes da Fonseca, que prestigiava as oligarquias. De modo que o partido marreta (do qual nossa família fazia parte), formado pelos opositores ao rabelismo, se juntou ao padre Cícero para derrubar Franco Rabelo.

O padre Cícero era o vice-presidente do governo deposto. Declararam então os marretas que tendo ficado vago, pela deposição dos Acióli, o cargo de presidente do estado, o vice deveria assumir automaticamente a presidência. E a Câmara Municipal de Juazeiro autotransformou-se em Assembleia Legislativa, declarando-se também poder legítimo.

O partido marreta era muito forte no interior. Os rabelistas dominavam as cidades maiores, como Fortaleza e Sobral. Mas em outras cidades menores eram apenas um punhado de gente.

Franco Rabelo não aceitou o governo paralelo do padre Cícero e mandou a tropa, a Polícia Militar do Ceará, destituir o vice, derrubá-lo, cercar Juazeiro e acabar com os cangaceiros do padre. Além da tropa, levavam até um canhão.

Fez-se o cerco a Juazeiro e, lá dentro, a população entrincheirou-se; mulheres e crianças, todo mundo ia ajudar a cavar trincheira. Quem não tinha arma, endurecia ao fogo um pau pontiagudo para fazer uma lança ou um chuço. Acorria em defesa do santo a população de toda a região, fanáticos, beatos, jagunços. Juazeiro era chamado a Nova Jerusalém. As tropas do governo foram vencidas e se retiraram.

Por seu lado, os chefes rabelistas haviam conseguido a adesão de um guerreiro popular, meio mercenário, o famoso Jota da Penha, natural do Rio Grande do Norte. Jota da Penha promoveu novo cerco a Juazeiro e foi morto em combate. Recordo ainda — eu tinha uns quatro anos — quando passou, pela nossa estação do Junco, o trem que carregava para Fortaleza o corpo de Jota da Penha. Papai me levou para ver. Num vagão aberto, o caixão coberto pela bandeira brasileira. O trem, ornado de crepe negro, entrava nas estações apitando, em sinal de luto. Parava levemente, o povo reverenciava e o trem seguia.

Um cantador compôs para Jota da Penha um epitáfio muito bonito:

> "Deus te dê a salvação
> Boca que nunca mentiu
> Alma de herói destemido
> Mão forte que resistiu."

A tropa do governo foi definitivamente batida no combate de Iguatu (que então se chamava Telha). Só se via, por mato e campos, os "macacos" fugindo. Despiam a farda e corriam de ceroulas, para não serem identificados.

Juazeiro ganhara a guerra ali: em nova etapa, o dr. Floro, vencedor, encheu os trens com suas tropas, que seguiram para Fortaleza para depor, por sua vez, Franco Rabelo. Não precisou nem que a tropa entrasse no palácio: Franco Rabelo foi intimado a sair, posto num navio, viajou.

Os marretas tomando o poder, criaram um governo provisório, sendo presidente do estado o general Benjamin Liberato Barroso. O padre Cícero jamais quis assumir o poder que o movimento lhe dera. Como vice, continuava em Juazeiro, apenas o mesmo líder espiritual. Na verdade, o poder político continuava nas mãos do dr. Floro, que logo se elegeu deputado federal. E, no exercício do mandato, surpreendeu. Tido como um homem rude, explorador do fanatismo sertanejo, vê-se, porém, lendo a coleção dos seus discursos, feitos na Câmara, versando sobre os problemas mais prementes do Nordeste — irrigação, reforma agrária, minifúndio, latifúndio, natalidade etc. —, que ele era uma cabeça de grande categoria. Foi assim um pioneiro na identificação desses graves problemas de interesse não só regional como nacional.

Lembro também, menina pequena, de estar sentada nos joelhos do dr. Floro, numa visita que ele nos fazia.

Voltando ao padre Cícero: Lampião o adorava. Enquanto o padre Cícero viveu, Lampião jamais atacou uma cidade cearense, em respeito ao padre.

Certa vez, mesmo, o bandido foi se entregar a meu padrinho, que lhe pregou muita moral, tomou-lhe as armas, ordenou que ele se regenerasse. Dizem os "lampionólogos" (eu os li ao preparar minha peça, *Lampião*) que o cangaceiro saiu dali disposto a se regenerar. A polícia, porém, não aceitava isso. E, logo que ele deixou a fronteira do Ceará, os "macacos" tentaram pegá-lo, tentaram caçá-lo. Lampião havia declarado uma trégua, mas a polícia não respeitou essa trégua; e o cangaceiro, então, começou tudo de novo.

Pouco depois da morte do padre Cícero, morreu também Lampião, cercado na Grota do Angico.

Já no tempo da Coluna Prestes: a mocidade delirava com a marcha dos revoltosos, fazia de Prestes o seu ídolo. Como os jovens de há pouco tempo cultuavam os retratos de Che Guevara com a sua boina, a gente tinha o retrato de Prestes, o Cavaleiro da Esperança, e os retratos de Juarez, Siqueira Campos, João Alberto. Eram todos tenentes, jovens e bonitos. De modo que para nós, mocinhas, faziam par com os astros do cinema.

Quando a Coluna vinha se aproximando do Nordeste, as brigas em família começavam. Os pais, principalmente os fazendeiros, se mostravam aterrorizados, pois a Coluna, onde passava, requisitava cavalos para montaria, gado, gêneros, feijão, farinha, milho, para comer e levar. Já os filhos jovens vibravam com a aproximação dos revoltosos, queriam dar gado, cavalos, ovelhas, tudo, para o pessoal da Coluna. Pode-se imaginar a indignação dos pais.

Nós estávamos no Junco, e eu, Felipe, Roberto e Flávio ficamos excitadíssimos à notícia de que a Coluna saíra do Piauí em direção a Juazeiro. A polícia tinha até recrutado Lampião, dando-lhe a patente de capitão de provisórios para combater os revoltosos. Por aí se vê a que ponto chega a loucura política.

Então, certa manhã, no Junco, estávamos almoçando quando o nosso vaqueiro, Pedro Alves, entrou na sala e disse: "Doutor, está vindo aí um bando enorme, a poeira já se vê lá no Alto Grande. Todo mundo está dizendo que são os revoltosos. É muito cavalo, muita gente."

Papai, chocado, levantou-se da mesa e disse a Pedro Alves que levasse certas reses para os roçados meio escondidos, evitando que a tropa as avistasse. Tratava-se das vacas de cria, as boas. E nos vendo entusiasmados, delirando, papai se voltou indignado: "Seus cretinos, seus idiotas, vai-se ficar na miséria aqui. Vão carregar tudo, vão matar o gado, levar os cavalos."

Mamãe pegou as joias dela, fez uma trouxa com um guardanapo e jogou no canteiro dos coentros, lá no quintal. E eu, que era adolescente, corri para me preparar. Mudei o vestido, penteei o cabelo, belisquei as faces, para ficar corada, e fiquei à espera dos heróis que iam chegar.

Papai, no auge da indignação com a gente, continuava a nos chamar de cretinos. Foi então que Roberto disse que iria embora com os revoltosos. Papai ficou numa cólera mortal, não achou graça, não achou heroico, pôs-se a clamar que nós éramos um bando de débeis mentais. Ele não era revoltoso e muito menos partidário dos tenentes.

Nós ficamos naquela tensão, naquela agonia. Antônia, na despensa, ajoelhada, com Luciano ao lado, valia-se de Nossa Senhora do Perpétuo Socorro.

E papai nos olhando alinhados no alpendre, Roberto se preparando para abandonar o lar, sem bagagem e sem dinheiro, a fim de se juntar à Coluna.

Mas quando o bando foi se aproximando, a gente via mais mulher do que homem; tudo montado em mais de duzentos cavalos. Além de tantas mulheres, vinham crianças também. Sem cara de revoltosos, claro, eram ciganos, um bando enorme de ciganos. Tangidos pelos provisórios, tangidos pelos revolucionários, tinham se organizado numa espécie de confederação de ciganos, formando um grande grupo. Estavam juntos, procurando escapar. Quando nos apareceu Ganjão — o chefe — e tirou o chapéu para papai. Aquele velho cigano nunca entendeu por que papai lhe deu um abraço, mandou matar dois carneiros e dar farinha e rapadura à vontade.

47

Terra

Por alguns minutos os três pares de mãos ficaram apoiados no parapeito da varanda. Mãos de meu pai e de seus dois irmãos, Pedro e Esperidião. Mãos absoluta e absurdamente iguais, as mesmas sardas no dorso, as unhas quadradas, a pele fina dos dedos. Se misturadas, não se poderia apontar cada uma para seu dono. Papai e seus irmãos, separados pela rosa dos ventos, era aquela uma das raras ocasiões em que se viam desde a mocidade.

Do lado de fora, no jardim da casa da Ilha do Governador — para onde tínhamos vindo, do Ceará, visitar Rachel e Oyama —, fiquei olhando aquelas mãos. E não era só nas mãos, eram todos muito parecidos, esses Queiroz. Os mesmos traços de família, o rosto largo, as raivas súbitas, a veemência com que defendiam suas causas e suas opiniões. A governá-los, uma espécie de célula única que determinava um igual tipo de índole, de caráter, de comportamento. Seria isso apenas a criação que lhes dera minha avó Rachel?

Minha mãe contava que, casada de pouco, ficava assombrada ao se ver no meio daquela tribo da Califórnia, os irmãos reunidos, solteiros e casados, em união cerrada como uma muralha. Às vezes *no meio de uma refeição, a mesa enorme ocupada de ponta a ponta, de repente, por coisa à toa — divergência de opinião, uma crítica, ou uma brincadeira mais pesada —, os ânimos se exaltavam, formavam-se partidos, bradava-se de garfo em riste, até o momento em que minha avó Rachel resolvia interferir. Era o bastante, pois, além do grande respeito que lhe tinham, eles a adoravam. A briga então serenava e a família voltava às sobremesas como se nada houvera.*

Agora, estavam ali os três, de rumos tão diferentes na vida — meu pai, bacharel em direito, profissão que abandonou para seguir sua vocação de fazendeiro, "criador de bodes no sertão", como ele dizia; tio Esperidião, médico, cientista de nome ilustre; e tio Pedro, o sonhador, o bem-amado. Mas, em todos os que emigraram, a mesma nostalgia do sertão agreste, o permanente sonho de voltar — um dia! No sangue de todos eles, todos os Queiroz, o visceral amor à terra, o que dela brota, o que nela vive. Em todos, a paixão atávica por bichos, por planta, por criação, mas sobretudo por água: como armazená-la em açudes, em lagoas, em cisternas; como aproveitá-la em irrigação — por canais, por aspersão, por gotejamento? E a inveja, maltraduzida em admiração, quando vemos — eles e eu também — o portento de uma grande represa ou um rio de águas permanentes. E em todos também o desejo sincero e romântico, quase nunca alcançado, de quando chegar a hora ser enterrado sob um pé de riso-do-prado, no pequeno cemitério da fazenda Califórnia. Onde estão todos os nossos avós, tios, parentes próximos. E também meu pai.

48

Minha família

Famílias, a natureza as faz, mas a gente as arruma ou organiza. A minha era meio atrapalhada: irmãos que eram tios, sobrinhos que eram primos etc. etc. Por exemplo: meu tio Felipe é treze meses mais novo do que eu. Sempre fomos irmãos: mamei na minha avó o leite que era dele; meus pais, muito jovens, precisavam sair, divertir-se, e eu ficava com minha avó Maria Luiza. Mais tarde, Felipe casado com nossa prima Bedinha, que virou minha cunhada, tornei-me tia dos meus oito primos, seus filhos; e já sou tia-avó dos netos do tio.

Falando em netos, já os tenho, de nascimento diferenciado. Como sempre considerei Maria Luiza minha filha, dada a nossa grande diferença de idade, e, aliás, conquistei esse direito maternal bordando as camisinhas de pagão dela, fazendo-lhe os sapatinhos de lã (para cujo efeito tratei de aprender tricô com minha avó Rachel, ainda viva). Disputei com mamãe e Antônia o direito de banhar a menina, de vesti-la, de passear com ela. E mesmo depois de casada, viajando ou não, jamais abdiquei da minha parcela de maternidade em relação a Isinha. Como, para infelicidade nossa, perdemos mamãe, para nós, muito cedo, Oyama e eu, de certa forma, adotamos Maria Luiza como nossa filha. Na nossa casa ela noivou e se casou. Sob os nossos olhos nasceram os dois filhos — nossos netos, claro. E Namir sempre me considerou sua sogra (não sei se no bom ou mau sentido, talvez em ambos). Foi assim que me "arranjei" uma família igual à dos outros, na devida escala: irmãos, cunhadas, sobrinhos, e, o melhor de tudo, filha, genro e netos. Além da família natural, proporcionada regularmente por Roberto e Inês, sua mulher, e seus filhos, todos muito amados.

Os sobrinhos me acusam de ter preferência especial por Daniel (de Roberto) e por Teresa (de Felipe).

Não é preferência, é amor mesmo, nascido nas duas ocasiões em que ficaram algum tempo comigo, aqui no Rio. Daniel em tratamento de saúde — o pai o trazia, Inês não podia vir por causa dos outros filhos, e eu me tomava de amores pelo menino. E, claro, fazia tudo para que ele me correspondesse.

Teresa quando se aproximou de mim já era adulta. Me apaixonei de novo. Sou madrinha do seu filho Felipe, o Felipinho. Hoje ela mora no Ceará, mas meu coração a acompanha de longe e uma das grandes alegrias que tenho, em Fortaleza, é vê-la e aos meninos, que (modéstia à parte) são maravilhosos!

A cota de netos foi pequena, mas valeu: só são dois, mas preenchem todos os sonhos dos avós mais exigentes. Oyama, se teve um grande amor na vida, foi Flávio. Era a primeira criança com quem ele tinha contato direto e diário. Maria Luiza e Namir foram muito generosos: deixavam que a gente passasse a mão nos meninos e os levasse para Cabo Frio, Teresópolis e até para o sertão.

Daniel, mal tinha ainda idade para isso, era igualmente "raptado". E junto com os outros dois está a figura imprescindível de Teresa, minha afilhada (companheira de infância de Maria Luiza), filha de Fausta (por sua vez minha companheira de infância e mocidade); Teresa, que eu brinco dizendo que é o baluarte daquela família e que de certa forma se sente um pouco mãe dos meninos. E eles correspondem, ainda hoje a chamam, carinhosamente, de "Lai".

Via-se que Flávio correspondia ao amor do avô. Aliás, nunca o chamou de avô (já que tinha outro avô, seu Nagib) e inventou para ele um nome especial, de origem discutida. Chamava-o Abi. Vovó, era e sou eu.

Flávio curtiu por quatro anos a situação de filho único — quando nasceu Daniel, o amor foi dividido. E nunca nos lembramos da condição de tios, que deveria ser a nossa em relação a eles.

Para apresentar melhor meus dois netos, Flávio e Daniel, achei por bem transcrever duas crônicas publicadas quando eles eram pequenos e que de certa forma os retrata, tais como os via, e ainda vê, o meu coração de avó.

49

O estranho

Ele não chegou "como um ladrão à noite" como na frase da Escritura. Veio mesmo de dia e se não a ferro e a fogo, pelo menos entre ferro e fumaças de protóxido de azoto. Causou a princípio dor, apreensão, grande medo, e no fim muita alegria. Por que tanta alegria, não sei, aliás. O espectador desinteressado dirá que o estranho, ao chegar, não era movido por nenhum fim altruístico e se por acaso visa a algum bem será unicamente ao seu bem próprio. Dirá também o observador indiferente que não é ele pessoa de tanta beleza que a sua simples presença já represente um sinal de bem-aventurança. Pois de cara é enrugado, de dentes é desprovido, de nariz não é nada clássico, de cabeleira terá mais uma lanugem do que cabelos propriamente ditos, de pernas é fino, de formas em geral não lembra nenhum Apolo, sem falar na ligeira tendência à macrocefalia que caracteriza todos da sua espécie.

É, além do mais, analfabeto, não fala a nossa língua e, aparentemente, não tem religião nem nenhuma espécie de código moral. Em relação ao temperamento, também não proporcionou nenhuma agradável surpresa aos que o receberam. É egocêntrico, oportunista, reclamador. Não tem o mínimo respeito pelas liberdades, quer privadas quer coletivas. Grita em público ou em particular à menor provocação, ou sem provocação nenhuma por simples desfastio. Comete atos da mais afrontosa intimidade na presença de pessoas de maior prol. Defende os seus direitos e prerrogativas, ou o que considera como tais, com inflexível vigor; neguem-lhe à hora certa o alimento predileto, tentem impor-lhe banhos ou outras atividades desagradáveis, e articulará o seu protesto aos gritos mais ferozes, ou em lamentações as mais desadoradas, sem consideração pelo possível tardio da hora ou pelo justificado alarme da vizinhança.

Falei que era egocêntrico. Realmente, será esse o traço característico da sua personalidade. Até um sorriso, quando sorri, é para si mesmo. Justiça se lhe faça num ponto: parece ter uma tremenda vida interior.

Chegou nu, mas minutos depois já estava vestido nas mais finas cambraias e lãs. Sem ter ainda contribuído o mínimo para o progresso coletivo ou para a riqueza nacional, tinha, entretanto, uma porção de direitos assegurados por lei: casa, alimento, pensão — quem vê pensa que se trata de um benfeitor público! Sem falar nas propriedades que já são dele, pequenas mas legítimas, e na posse, que diríamos legal, de dois autênticos escravos. Um que ele, literal e desapiedosamente, suga, o outro que malmena de todas as maneiras e que se pode dizer também, ao pé da letra, trata aos pontapés. Acorda-os ambos a altas horas da noite, para que lhe satisfaçam as exigências mais absurdas, não lhes respeita hora de refeição nem de trabalho, nem de visitas, domingos nem feriados. A retribuição que dá a tudo isso é a sua simples e impertinente presença que — fato admirável — os dois recebem com requintes de alegria e gratidão.

Tem ainda um avô e um padrinho, que embora manifestem justificado orgulho pela aquisição de tal príncipe, não conseguem esconder um relativo receio de muita aproximação física com o dito. Talvez, conhecendo-lhe a contumaz irreverência, tenham medo de algum atentado mais grave à sua dignidade parental.

A sorte o privou das avós, mas procurou compensá-lo, embora fracamente, dando-lhe uma avó torta que, se não tem as virtudes das que estão no céu, sofre em grau agudo do mesmo enternecido deslumbramento e apaixonada cegueira que, provavelmente, caracterizariam as autênticas: e, no pequeno animalzinho egoísta, só enxerga um ente de beleza helênica e de extraordinários dotes de inteligência e moral.

Chama-se Flávio o pequenino estranho, e nasceu de cesariana. Está exatamente com vinte e dois dias de idade e, nesse pouco tempo de vida, tem conseguido absorver e ocupar totalmente uma família inteira. Como pessoa dessa família ou, mais exatamente, sendo eu aquela deslumbrada avó torta acima referida, sei que alguns podem dizer que o meu depoimento é suspeito. E contudo declaro, com toda humildade e com sinceridade absoluta, este fato realmente espantoso: como pode nascer de uma família média brasileira, sem nada de excepcional, sem gênios nem príncipes no seu seio, apenas honestas pessoas tementes da lei, amantes do trabalho e respeitosas do catecismo moral e cívico, como é que nesta família, afinal de contas nem melhor nem pior do que a maioria das famílias, pode nascer um meninozinho tão lindo, tão extraordinário, tão maravilhosamente talentoso, belo, excepcional?

(Rio de Janeiro, agosto de 1956)

50

Daniel e o Caravelle

Os olhos do menino pareciam duas estrelas· *Caravelle!* Para ele era uma palavra mágica, a era do jato depois da era da hélice. Do jeito que ele fala parece que avião a hélice é coisa tão obsoleta como carro de boi. Nos tipos obsoletos ele já viajou outrora — precisamente no ano passado. Agora sobe a escada, penetra na nave com emoção inaugural — ele que só estava acostumado a lhe seguir com a vista as linhas paralelas de fumaça, riscando o céu.

Exigiu que nos sentássemos logo no primeiro par de poltronas; era talvez para se sentir mais perto do próprio coração da nave (coração ou cabeça?), o santuário misterioso dos pilotos. Afivelou cuidadosa e lentamente o cinto de segurança como um ritual. Defronte a nós a aeromoça se sentou no seu banquinho e ela também afivelou o seu próprio cinto. Vestia uniforme vermelho de bolero e o menino, com o olho displicente que lhe dá a TV para esses assuntos, perguntou baixinho: "Isso é roupa de desfilar?"

Não, esqueço. Antes de apertar o seu cinto para a decolagem, a aeromoça veio oferecer ao jovem passageiro a cestinha de balas. E precisamente esse episódio marcou o início de uma bela amizade, porque ele, indeciso, tocava as balas com as pontas dos dedos, sem saber qual seria a melhor naquela variedade e a moça lhe murmurou: "As azuis."

E no que ele, cerimonioso, tirava só uma bala, a moça catou rapidamente no cesto uma meia dúzia — todas azuis —, enchendo-lhe a mão

Depois, como já contei, ela sentou-se defronte, no banquinho que lhe é reservado, prendeu o cinto e o menino reajustou o seu, copiando-lhe os gestos.

E aí foi a emoção da decolagem: o avião corria na pista e a todo momento o menino indagava: "Já está voando? Já está voando?"

A aeromoça lhe ensinou um segredo: "Quando voar você *sente* que fica mais leve, despegado do chão."

Mas, na concentração para sentir-se mais leve, ele fechou os olhos e, quando os abriu, já voava alto, as casas lá embaixo começavam a ficar pequeninas. E ele a reclamar por não ter sentido nada, quando de repente veio um choque novo: "Uma nuvem, vamos bater numa nuvem!"

Ele prendia a respiração enquanto o avião penetrava nuvem adentro e se envolvia em névoas esgarçadas. O menino soltou o fôlego numa surpresa deslumbrada: "Pensei que nuvem era gelo puro, durinho, e que o avião ia rebentar tudo. Mas nuvem parece mesmo algodão de açúcar!"

Aí se escutou uma voz no alto-falante. Prevenia que voávamos a doze mil metros de altitude, em velocidade de cruzeiro de oitocentos e cinquenta quilômetros por hora, e que a temperatura lá fora era de uns vinte graus abaixo de zero... Esses miraculosos dados técnicos quase esgotam a capacidade admirativa do menino. Qualquer daquelas informações, vindo isolada, já seria pretexto para profundas cogitações e infinitas perguntas.

Vindas assim, em massa, só um cérebro eletrônico para destrinçar tudo! Bem, botando os dados em ordem: "Doze mil metros eu sei, são doze quilômetros... Quer dizer que estamos mais ou menos na distância que vai da cidade a Ipanema... quantas léguas são doze quilômetros? Ah, duas? Imagine, estamos a duas léguas de altura! E a velocidade, oitocentos e cinquenta quilômetros por hora... vamos ver... o carrinho lá de casa quando corre feito um doido não passa dos cem... oitocentos e cinquenta é quantas vezes cem? Oito vezes e meia? Então eu neste jato estou correndo como se fossem oito carros e meio de uma vez na velocidade de cem quilômetros por hora... Puxa vida! Agora a temperatura? Com quantos graus vira gelo? Zero grau? Então vinte graus abaixo — uai, por que é que não está tudo aqui virado gelo, como no congelador da geladeira? Ah, aquecimento... Eles soltam umas baforadas quentes do motor dos jatos... que pena, eu gostava de ver era tudo gelado!"

Mesinha para o lanche. "Por que é que lá em casa não se compra uma mesinha destas de enfiar na poltrona? Assim não dava trabalho de arrumar a mesa grande e a gente comia feito em avião — e para ver televisão era bárbaro!

"Aperitivo? Tem Grapete? Sanduichinho de presunto com palito prateado — legal às pampas!"

E aí chegou a Bahia. O dia é de sol, o asfalto do aeroporto é um convite. E depois o alto-falante chama e de novo se terá que subir por aquela escada de rodas, e receber os cumprimentos dos comissários, e apertar os cintos, e decolar, e dessa vez ele vai *sentir mesmo* quando o avião despegar do chão.

E novamente as mesinhas e agora o almoço. O avião desliza sobre um colchão de nuvens tão acamadas e branquinhas que parecem um ninho. Mas um ninho do tamanho do mundo! Bandeja de almoço, comida de gente grande e comida de criança — e o que é para ser quente vem quente e o que é para ser frio vem gelado mesmo! Entre as coisas que o menino mais aprecia estão os dois canudinhos de sal e pimenta e o estojinho do palito. E ele explica, muito grave, que o palito vem escondido porque palito não é elegante.

À descida no Recife se renovam os prazeres da Bahia, com o acréscimo dos murais de Lula Cardoso Aires que exigem acurado estudo e inesgotáveis perguntas. Felizmente interrompidas pelo chamado do embarque — e a escada, o cinto, o apito fino do jato, a decolagem, o discursinho do comandante, a música e mais lanche!

Acho que dão tanta comida é para distrair as pessoas mais velhas que *ainda têm medo de voar...*

Por fim, o alto-falante anuncia que estamos sobrevoando a cidade de Fortaleza. O avião trepida (naquele deslizar de cisne a gente já esquecera que avião *antigamente* trepidava), mas lá vem a voz do comandante a explicar que a trepidação é devida ao emprego dos freios aerodinâmicos. O vocabulário do menino entesoura a nova aquisição: freio *aerodinâmico.* E ele fica rolando a palavra na boca como um doce.

Afinal o avião toca o solo... uma vez, outra... como andorinha que pousa e levanta os pés, experimentando.

Já se pode desafivelar o cinto. Já se pode apanhar a frasqueira debaixo do banco, os casacos na rede. O comissário realiza aquela fascinante manobra de abrir a porta — igualzinha a uma porta de astronave. A luz do sol invade o avião. A aeromoça calçou as luvas e o menino a cumprimenta solenemente. Suspira: "Nunca mais vou me esquecer deste avião!"

E se encaminha para a escada, o primeiro passageiro a descer, a enfrentar a aventura nova que será a descoberta da cidade.

(Ceará, 9 de setembro de 1967)

51

Nossa família

Comecemos pelos avós maternos e paternos, pois ir até mais atrás já seria pesquisa em genealogia.

Avós paternos: dr. Arcelino de Queiroz Lima e Rachel Alves de Lima.

Ele, o dr. Arcelino de Queiroz Lima, creio que o primeiro bacharel da família, foi juiz em Pacatuba, Ceará (Roberto, nosso irmão, mais de meio século depois, também foi juiz lá e encontrou rastros do avô). O dr. Arcelino interrompeu a carreira de juiz quando se viu herdeiro único do tio rico, o velho Miguel Francisco de Queiroz, dono, segundo a tradição familiar, de dezoito fazendas. Abandonando a toga, Arcelino fixou-se com a família na fazenda Califórnia onde construiu a bela casa-grande, a cavaleiro do açude. Lá nasceram quase todos os seus filhos. Era casado com sua prima Rachel, filha de João Batista Alves de Lima, chamado o avô pelos netos, que ajudou a criar. (Eu devia ser muito pequena quando o avô morreu; mas guardo dele uma imagem ainda viva na memória: ele de pé, junto a uma rede branca, vestido num camisolão comprido, a barba branca, curta; com a mão estendida, me acariciando a cabeça.)

*

De vozinha Rachel gosto de lembrar o bem que me queria, que eu considerava especial, melhor que o dedicado às outras netas — talvez por eu ser a única que lhe herdara o nome. (Houve outras, mais tarde, com o seu nome, mas vozinha já morrera.) Gostava de me enfiar no seu lado, na rede do alpendre, onde, sentada, ela fazia crochê ou tricô. Gostava do cheiro dela, roupa engomada, colônia e talco, das mãos macias, da voz que eu tentava imitar. Sempre detestei usar luto, mas por ela andei de preto mais do que os seis meses da regra — cheguei de luto ao Rio de Janeiro na minha primeira viagem, e o pessoal reparava, mas fielmente mantive o meu traje de dó.

Ela gostava de nos mandar — às netas — ler para ela ouvir romancinhos de moça; e como era muito inteligente, fazia sempre a respeito do tema ou dos personagens observações que me surpreendiam.

Era célebre em redor da Califórnia a sua caridade; e quando ela adoeceu de uma crudelíssima hérnia estrangulada, durante os dez dias em que agonizou, a casa da fazenda, à qual se sobe por enormes escadarias, dia e noite era ocupada pelo povo de redor — dezenas e dezenas de pessoas. Ficavam ali, a noite toda, sentadas nos degraus. "Parece um rebanho de ovelhas", disse alguém. E era verdade.

Rachel e Arcelino tiveram dez filhos:

1. tia Adelaide, casada com seu primo Francisco de Matos Brito (Chichio), padrinhos de Isinha. Eram donos do Guaramiranga e criaram treze filhos: Cléa, Elsa, Arcelino, Antônio (Brito), Maria Adelaide, Alice, Jorge, Áurea, Nestor, Nilda, Lúcia, Cyra e Zélia;
2. tio Batista (João Batista, o dr. Batista, de Quixadá), casado também com parenta, Clotilde Marinho, pais de um filho único, Narcélio (anagrama de Arcelino), que se casou com a escritora Dinah Silveira de Queiroz;
3. tio Mário, casado duas vezes, com Julieta e Demitilde, teve um filho, Renato;
4. tio Esperidião, médico, cientista (descobridor da transmissão da raiva bovina pela ação de morcegos), autor do livro *Antiga família do sertão*, a história dos Queiroz. Casado com Mariinha, irmã de Clotilde Batista. Tiveram cinco filhos: Rodrigo, Sílvia, Lydia, Myrta e Doris;
5. tio Eusébio, jurista, também autor de vários livros de direito, professor da Universidade do Rio de Janeiro, casado com Emília Lacaz. Teve uma morte bonita: estava em plena cátedra, dando aula, quando lhe veio o infarto fatal;
6. Daniel, nosso pai, casado com Clotilde Franklin de Lima;
7. tio Pedro, casado com Maria de Lourdes Paracampos, deixou duas filhas, Rachel e Isolina;
8. tia Beatriz, casada com Homero Varela, tiveram cinco filhos: Ângelo, João, Cláudio, Marcelo e Sílvio;

9. tio José Arcelino, que ficou com a Califórnia, casou-se também com uma parenta, Abigail, com quem teve dois filhos, Rachel e João Thomás;
10. tia Arcelina, quase filha póstuma, nascida poucos meses antes da morte do pai. Casou-se no Pará com o português Adriano Santos, e tiveram cinco filhos: Armando, Pedro, Maria da Graça, Adriano, Gastão.

Avós maternos: Rufino Franklin de Lima e Maria Luiza de Alencar Sabóia.

Ele, o engenheiro Rufino Franklin de Lima, na verdade deveria chamar-se Rufino de Alencar Lima; mas seu avô, integrante da revolução do Equador (tal como os companheiros de rebeldia, que adotaram nomes de intenção patriótica), passara a se assinar João Franklin de Lima, em homenagem a Benjamin Franklin. João Franklin de Lima casou-se com sua prima Maria de Macedo Lima (vovó Miliquinha), neta de Tristão Gonçalves, bisneta de dona Bárbara de Alencar (a heroína, e avó de José de Alencar).

Ela, Maria Luiza, filha do bacharel Domingos Carlos Gérson de Sabóia, também bacharel, também juiz, oriundo de Sobral, casado com uma Alencar Matos, Amélia.

Rufino e Maria Luiza tiveram três filhos:

1. Clotilde (nossa mãe);
2. Cícero (Cici), casado com Carmelita, teve dois filhos;
3. Felipe, casado com Imelda Facó, teve oito filhos.

Clotilde e Daniel, nossos pais, casados em janeiro de 1910, tiveram cinco filhos. Só nós duas, Maria Luiza e eu, estamos vivas. Perdemos, sucessivamente, Flávio, que morreu de uma septicemia em 1935, aos dezenove anos; Luciano, que nasceu em 1919 e morreu do coração, aos vinte e oito anos. Por último perdemos Roberto, em 1995, aos oitenta e dois anos.

Papai e mamãe morreram ambos aos sessenta e dois anos, ele em 1948, ela em 1953.

A mais velha dos filhos do casal fui eu, Rachel, casada, hoje viúva do médico goiano Oyama de Macedo.

E a caçula, Maria Luiza (que chamamos Isinha), casada com Namir Salek, pais de dois filhos (meus netos): Daniel, o mais novo, casado com Sheila Neves do Amaral. Flávio foi casado com Sílvia Muylaert e eles são pais de Ana Teresa. Divorciado, Flávio casou-se novamente com Cecília Miranda e são pais de Pedro, nascido a 14 de julho de 1998, meu precioso bisneto, tal como Ana Teresa.

Este livro foi impresso nas oficinas da
Distribuidora Record de Serviços de Imprensa S.A.
Rua Argentina, 171 – Rio de Janeiro, RJ
para a Editora José Olympio Ltda.
em outubro de 2010

*

78º aniversário desta Casa de livros, fundada em 29.11.1931